어린이를 위한 말의 역사

말과 글은 어떻게 변해 왔을까?

어린이를 위한 말의 역사

메리 리처즈 글 | 로즈 블레이크 그림 | 김설아 옮김

첫번째 펭귄

차례

들어가는 말   6

1. 최초의 말   8
우리는 어떻게 말을 할까요?
말과 의사소통   10
말의 시작   12
말하도록 태어나요!   14
움직임으로 나타내는 의미   16

2. 쓰기   18
쓰기는 언제, 어떻게 시작되었을까요?
이야기하기   20
최초의 글쓰기   22
소리를 적는 문자   24
뛰어난 글씨체   26
점토판부터 태블릿까지 – 글쓰기 도구   28

3. 읽기   30
글로 쓴 것은 누가 읽을까요?
최초의 독자들   32
책들을 위한 집   34
신성한 책   36
인쇄술   38
이야기 읽기   40
기록이 말해요!   42

4. 언어 배우기   44
언어란 무엇일까요?
나의 언어 말하기   46
언어의 세계   48
단어 정리하기   50
뜻을 알아채요!   52

5. 영향력 있는 말   54
말은 우리에게 어떤 영향을 미칠까요?
다른 세계와 소통하는 말   56
마법의 말   57
행동에 영감을 주는 말   58
법에 쓰인 말   60
거리의 말   62
그림 속 말   64

6. 숨겨진 말   66
말의 뜻 숨기기, 그리고 알아내기
암호를 풀어요!   68
말놀이   70
새로운 언어 만들기   72

7. 시적인 말   74
말의 리듬과 운율은 어떻게 생길까요?
시 쓰기   76
말의 형식   78
운율을 살린 말   80

8. 마지막 언어   82
언어의 미래는 어떠할까요?
멸종 위기에 놓인 언어   84
인터넷 세상   86
컴퓨터 언어   88

말의 역사 연대기   90
낱말 풀이   92
옮긴이의 말   93
문제 풀이   93
그림 목록   94
찾아보기   95

들어가는 말

지금부터 말의 역사를 되돌아보며 말이란 무엇인지, 우리가 말을 어떻게 사용하는지에 대해 생각해 보려고 해요. 다른 사람들과 말하거나 이야기를 쓰고 과거를 기록할 때 단어를 어떻게 사용하는지 함께 알아봐요. 그리고 고대 조상들이 어떻게 언어를 사용하고 글을 쓰기 시작했는지, 글을 쓰기 위해 어떤 도구를 사용했는지도 함께 알아봐요. 종이와 인쇄술의 발명부터 스마트폰의 탄생까지, 기술이 어떻게 사람들의 의사소통을 바꿔 왔는지 궁금하지 않나요? 지금부터 우리는 말을 이용해서 멋진 일을 해낸 수많은 작가, 발명가, 과학자, 연설가를 만날 거예요. 5,000년 전 수메르 사원의 벽에 시를 남긴 고대 아카드 시대의 시인 **엔헤두안나** 공주부터 전 세계 극장에서 자신이 작사, 작곡한 작품을 공연하는 미국 음악가 **린 마누엘 미란다**까지 말이에요!

여러분, 안녕!
저는 이 책을 쓴 메리예요.
단어를 모아서 문장과 문단을
만들거나, 이 책과 같은 책을
쓰는 것을 좋아해요. 물론
읽는 것도 좋아한답니다. 읽는
것을 처음 배웠을 때부터 즐겨
읽었던 작가들의 책을 특히 더
좋아하지요!

우리가 이 책과 함께하는 여행에서 만날 사람들 중에는 유명한 사람도 있고 전혀 알려지지 않은 사람도 있어요! 위에 있는 그림 속 여성은 갈대로 만든 펜과 밀랍을 씌운 작은 나무판을 들고 있어요. 이 여성의 초상화는 거의 2,000년 전 베수비오 화산 폭발로 폐허가 된 이탈리아 도시 폼페이에서 발견되었어요. 어떤 학자들은 이 여성이 그리스 시인 사포라고 믿는데, 정확하지는 않아요. 확실한 건 이 여성이 글쓰기를 좋아했다는 것이지요.

어떤 사건이 언제 일어났는지 알고 싶다면 90쪽의 '말의 역사 연대기'를 살펴보세요. **말의 역사**에서 중요한 사건이 일어난 때를 찾아볼 수 있을 거예요. 모르는 단어가 있다면 92쪽의 '낱말 풀이'를 참고하세요. 이 책을 읽다 보면 이 책에 그림을 그린 로즈 블레이크를 곳곳에서 만나게 될 거예요. 여러분과 마찬가지로 로즈 역시 훌륭하고 멋진 문장가들을 만나기를 잔뜩 기대하고 있답니다. 자, 지금부터 함께 여행을 시작해 봐요!

안녕! 저는 이 책의 그림을 그린 로즈예요. 어릴 때 도서관 맞은편에 살았는데, 책을 읽느라 늘 얼굴을 책으로 가린 채 학교에 가곤 했지요. 저는 책에 나오는 단어들을 쉽게 풀어서 그림으로 그리는 것을 좋아한답니다.

1

최초의 말
우리는 어떻게 말을 할까요?

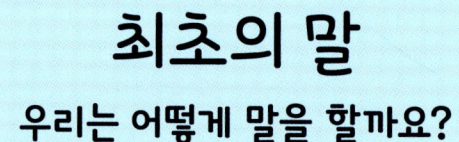

나는 대왕고래야.
친구와 이야기할 때면
아주 낮고 깊은 소리를 내지.
이 소리는 약 1,600킬로미터
떨어진 곳까지 들리기도 해!

말과 의사소통

여러분은 가장 좋아하는 말 또는 단어가 있나요? 다른 사람보다 더 자주 사용하는 말 또는 단어는요? 우리는 매일 말을 하고, 글을 읽고 또 써요. 말할 때 적절한 단어를 사용하면 내가 어떤 생각을 하는지 설명할 수 있어요. 다른 친구들이 나에게 무엇을 말하는지 이해할 수도 있지요. 우리는 상대방의 주의를 집중시키기 위해 짧은 단어 한두 개를 사용하기도 하고, 수천 개의 단어 중 몇 개를 써서 긴 이야기를 하기도 해요.

 말하고 의사소통하는 것은 인간뿐만이 아니지만, 인간의 의사소통은 꽤 특별해요. 물론 동물들도 놀라운 방식으로 의사소통을 해요. 하지만 인간의 방식과는 달라요. 대왕고래는 아주 낮고 깊게 소리를 진동시켜서 수천 킬로미터 이상 떨어진 고래들과도 '말'을 하지요. 한번은 제가 기르는 닭 '빙글이'가 꼬꼬댁거리며 부엌 창문에 나타난 적이 있었어요. 제가 닭장 문을 열어 둔 탓에 친구들이 밖으로 빠져나갔다는 것을 알리고 싶었던 거예요. 빙글이는 하고 싶은 이야기를 제게 잘 전달했고, 덕분에 닭들은 무사히 닭장으로 돌아갔어요. 의사소통에 성공한 거죠! 하지만 빙글이는 연설을 하거나, 책을 쓰거나, 인터넷에서 정보를 찾지는 못해요.

 인간은 말하는 것을 통해 주위를 둘러싼 세계를 설명하고, 이해할 수 있게 되었어요. 고래나 닭과 달리 말을 글로 적는 방법도 발명했지요. 우리는 글을 활용해 시간을 거슬러 여행할 수 있어요! 현재 남아 있는 가장 오래된 글 조각들은 약 5,500년 전에 만들어졌어요. 고대의 점토판이나 양피지 조각, 책에 적힌 글자들은 우리 선조들이 어떻게 살았는지, 어떤 이야기를 만들어 냈는지 이야기해 주지요. 우리는 글을 써서 중요한 일을 기록하고, 좋은 생각이나 이야기를 후대 사람들에게 전할 수 있어요. 우리가 말하거나 글을 쓰는 순간마다, 수천 년 전에 시작된 이야기에 우리만의 말과 글을 더해 나가는 거예요!

말의 시작

인간은 수천 년에 걸쳐 서로 의사소통하는 특별한 방법을 발전시켰어요. 오늘날 전 세계에서 사용하는 언어는 7,000여 개나 돼요. 이 언어들은 어떻게 시작되었을까요? 그리고 왜 시작되었을까요? 한 무리의 사람들에게서 시작되었을까요, 아니면 각각 다른 곳에서 동시에 시작되었을까요? 진화를 연구하는 학자들은 이 문제에 흥미를 느꼈어요. 인류 최초의 말이 어떻게 시작되었는지는 아무도 정확히 몰라요. 먼 인류 조상들의 끙끙대는 소리와 몸짓이 우리가 알아들을 수 있는 말로 어떻게 변해 왔는지도요. 그렇지만 이들이 '위험해!'라며 경고하거나, 주의를 끌기 위해 소리를 내거나 단어를 사용하는 모습을 상상해 보면 참 재미있어요.

사람들은 대부분 언어가 아주 천천히 발전했다고 생각해요. **유발 노아 하라리** (Yuval Noah Harari, 1976~) 같은 역사학자들은 인간이 말로 의사소통한 것이 거친 환경에서 살아남는 데 유리하게 작용했다고 주장해요. 인간은 그 덕분에 야생 동물을 잡거나 땅을 일구는 데 필요한 도구를 만들 때 무리를 이룰 수 있었어요. 무리 지은 사람들은 이야기를 나누며, 시간이 지날수록 서로를 끈끈하게 이어 주는 소속감을 느꼈지요.

과학자들은 말이 어떻게 시작되었는지 알아내기 위해 증거를 찾아요. 사람들이 과거에 어떻게 의사소통했는지 실마리를 찾으려고 오늘날 사용되는 수천 가지 언어를 듣지요. 조상들의 뼈나 조상들이 만들었던 물건을 연구하기도 해요. 오늘날 인간과 가장 비슷한 동물의 DNA와 뇌가 인간과 어떤 차이를 보이는지 찾기도 하지요. 오늘날 과학자들은 인간이 말하고 읽고 쓸 때 반응하는 DNA의 작은 가닥까지 연구해요. 컴퓨터로 뇌를 스캔하기도 하고요. 생물체의 유전 정보를 담고 있는 DNA는 실 모양의 사슬처럼 생겼답니다.

말하도록 태어나요!

우리의 뇌와 몸은 아주 어릴 때부터 다른 사람들과 의사소통하도록 구성되어 있어요. 우리는 소리를 내고 따라 하며, 여러 가지 표정을 짓거나 몸을 움직여 우리의 생각이나 기분을 전달해요. 가장 중요한 것은 우리가 이러한 행위를 해석하기 위해 뇌를 사용한다는 거예요. 아기들이 말을 어떻게 배우는지 생각해 볼까요? 처음 몇 주 동안은 몇 가지 소리를 옹알거릴 거예요. 그러다가 두세 살이 되면 단어들을 연결하기도 하고, 심지어 문장을 말하기도 해요. 이런 소리와 단어가 모이면 언어가 되지요.

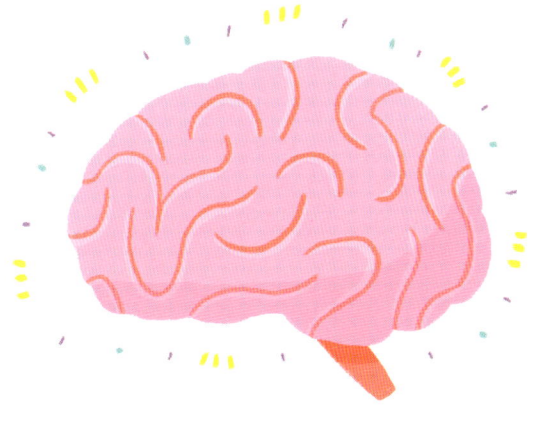

언어마다 소리가 굉장히 달라요. 전 세계 사람들은 입과 혀, 목을 저마다 다른 방식으로 사용해요. 혀를 내리치며 딱딱 소리를 내는 코사어부터 '아르(R)' 소리를 낼 때 목구멍 깊숙한 곳에서부터 혀를 굴려 소리를 내는 독일어까지 무척 다양하지요. 참고로, 코사어는 남아프리카 공화국의 여러 주에서 사용하는 언어 중 하나랍니다. 언어는 이렇게 다양하지만, 지구의 어느 곳에 살든 언어를 배우는 방식은 똑같아요. 우리는 뇌에 있는 신경 세포인 뉴런이 새로운 길을 연결하여 만들어 내는 덕분에 언어를 배울 수 있지요. 우리가 읽고 쓰게 된 것은 말하게 된 것보다 훨씬 더 뒤의 일이에요. 읽기와 쓰기는 말하기보다 더 오랜 시간이 걸려야 완전히 익힐 수 있답니다. 어쨌든 우리는 보통 일곱 살이나 여덟 살쯤 되면 수백 개의 글자와 단어를 알 수 있어요. 그리고 10년 안에 훨씬 더 어려운 글을 이해할 수 있게 되지요. 인간의 말랑말랑한 뇌는 배우는 것을 멈추지 않도록 구성되어 있어요!

'벌레'
곤충을 비롯하여 기생충과 같이 발달 수준이 낮은 동물을 통틀어 이르는 말.

벌레들은 피부로 숨을 쉽니다!

움직임으로 나타내는 의미

누군가가 여러분에게 문자나 이메일로 메시지를 보냈는데 무슨 뜻인지 헷갈린 적이 있나요? 그 이유는 사람들이 다양한 방식으로 의사소통을 하기 때문이에요. 의미를 전달할 때는 표정, 몸짓, 목소리 높낮이가 모두 중요해요. 무언가를 설명할 때 미소를 짓거나 찡그리거나, 한쪽 눈을 깜빡이면 도움이 돼요. 목소리 높낮이가 어떤지, 시선을 어떻게 처리하는지, 말을 끝맺을 때 높게 끝내는지 또는 낮게 끝내는지도 우리가 하는 말의 의미를 분명하게 전달하는 데 도움이 된답니다.

오감은 보고, 듣고, 만지고, 맛보고, 냄새 맡는 다섯 가지 감각이에요. 시각, 청각, 촉각, 미각, 후각이라고도 해요. 사람들은 말할 때 오감을 섞어서 사용하지요. 미국 앨라배마주에서 태어난 **헬렌 켈러**(Helen Keller, 1880~1968)는 어렸을 때 병으로 시력과 청력을 잃었어요. 헬렌은 다른 사람과 의사소통하기 위해 촉각을 사용하는 법을 배웠어요. 철자를 표시하는 법과 손에 단어를 적는 법도 배웠지요. 다른 사람이 말할 때 입술을 만지며 따라서 말하는 방법도 익혔어요. 글을 읽고 쓰기 위해 1820년대에 만들어진 점자도 익혔지요. 점자는 볼록한 점을 배열하여 만든 것으로, 손끝으로 만져서 읽는 글자예요. 마침내 헬렌은 하버드 대학교에 입학했고 수많은 책도 썼답니다.

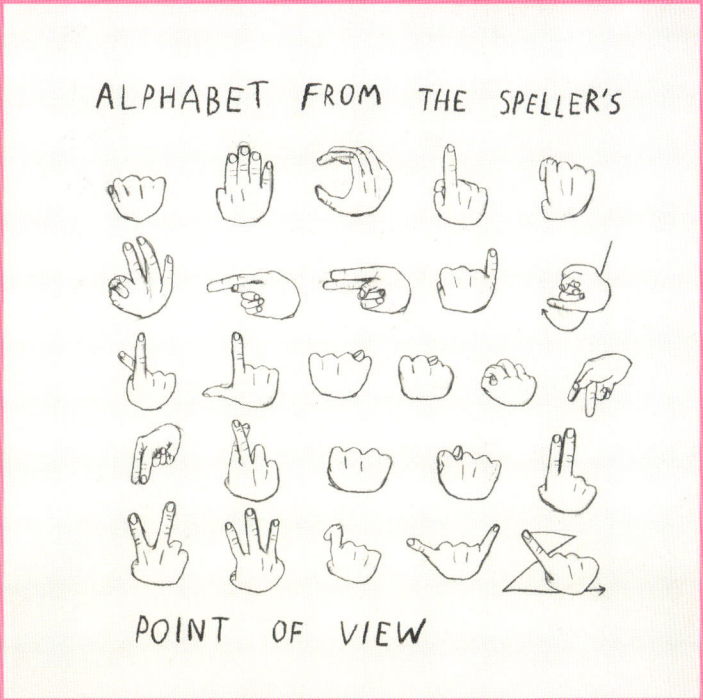

크리스틴 선 킴, 〈글자를 쓰는 사람의 시선에서 본 알파벳〉, 2019년
미국의 수화 언어를 나타낸 그림이에요.

크리스틴 선 킴(Christine Sun Kim, 1980~)은 회화, 퍼포먼스, 설치 작품으로 유명한 예술가예요. 청각 장애를 가지고 태어난 크리스틴은 수화 언어로 의사소통을 해요. 수화 언어는 손의 모양과 조합, 움직임을 자세나 표정과 결합한 언어랍니다. 나름의 문법에 따라 단어나 문장을 특정한 동작으로 표현하는데, 간혹 각각의 철자를 손가락으로 쓰기도 해요. 〈글자를 쓰는 사람의 시선에서 본 알파벳〉은 크리스틴의 작품이에요. 이 작품에서 크리스틴은 의사소통하는 상대방이 아니라 글자를 쓰는 사람의 시선에서 보이는 알파벳 수화 언어 글자 스물여섯 개를 보여 줘요. 크리스틴이 사용하는 미국 수화 언어는 현재 전 세계에서 쓰는 300여 가지 수화 언어 중 하나랍니다.

이야기하기

쓰기를 발명하기 수천 년 전에 우리 조상들은 입에서 입으로 이야기를 전했어요. 모닥불 주위나 동굴 안에 둘러앉아 영웅과 모험에 관해 이야기했지요. 세계가 어떻게 만들어졌는지에 관한 이야기도 하고, 주인공이 무엇이 옳고 그른지 깨달아 교훈을 얻는 이야기도 했답니다. 이야기는 우리에게 큰 힘을 줘요. 어려움을 겪을 때는 희망을 주는 이야기가 기분을 좋아지게 해요. 나쁜 행동을 하려고 마음먹다가도 어떤 이야기를 읽거나 듣고 우리 마음이 변하기도 하지요. 요즘과 마찬가지로 옛날에도 이야기에는 사람들을 하나로 모으는 힘이 있었어요.

사람들은 전 세계를 돌며 이야기하고, 또 이야기했어요. 수천 년 동안이나 이야기를 기록하지 않다가 기원전 8세기에 비로소 글로 기록했는데, 바로 고대 그리스 시인 **호메로스**(Homer)가 쓴 모험 이야기 〈일리아드〉와 〈오디세이〉였어요. 그 전까지는 계속 말로 전해졌지요. 그리스 알파벳이 이 두 작품을 기록하기 위해 만들어졌다는 이야기가 있을 정도예요.

여러분의 집 책장에 꽂혀 있는 몇몇 이야기가 얼마나 오래되었는지 알면 아마 깜짝 놀랄걸요? 학자들은 1812년 **그림 형제**[야코프 그림(Jacob Grimm, 1785~1863), 빌헬름 그림(Wilhelm Grimm, 1786~1859)]가 써서 유명해진 〈신데렐라〉 이야기의 처음 시작을 찾아 시간을 거슬러 올라갔어요. 그랬더니 무려 2,000년 전 그리스에 살았던 노예 소녀 로도피스의 이야기가 나왔어요. 로도피스는 황금 신발이 발에 꼭 맞아 이집트 왕비가 되었대요.
서기 860년경 중국에도 비슷한 이야기가 있었어요. 열심히 일하던 소녀 예시안이 마법으로 어여쁜 공주가 되고, 잔치에서 신발 한 짝을 잃어버린다는 이야기였어요. 이 비슷한 이야기들은 하나의 이야기로부터 나온 걸까요? 아니면 사람들이 너도나도 공주나 왕자가 되는 꿈을 꾸는 탓에, 각기 다른 시간과 장소에서 계속 탄생하는 걸까요?

최초의 글쓰기

글쓰기의 발명은 세상을 바꾸었어요! 글쓰기가 가져온 변화는 오랜 시간에 걸쳐 천천히 일어났지요. 여러분은 지금 우리 조상들이 수천 년에 걸쳐 발명한 기술로 이 책을 읽고 있어요. 어쩌면 누군가가 여러분에게 읽어 줄 수도 있고요.

고대 유물과 유적을 연구하는 고고학자들은 전 세계에서 최초로 글을 쓴 흔적들을 발견했어요. 3만 년 이상 된 이 흔적들은 돌에 새겨져 있기도 하고, 동굴 벽에 들소나 다른 동물들로 그려져 있기도 하는 등 무척 다양했어요. 중국에서는 거북의 등딱지나 동물 뼈에 새긴 흔적들이 발견되었지요. 이것을 '갑골문'이라고 해요. 미래를 예언한다고 해서 영어로는 '예언의 뼈'라고 불러요. 사람들은 특별한 행사에서 무언가를 적은 뼈를 불 속에 넣고, 이후 뼈가 갈라지며 생긴 틈을 보고 미래를 점쳤어요. 남아메리카에는 심지어 손으로 쓰지 않은 기록들도 남아 있답니다. 고대 잉카 제국에서는 정보를 퀴푸스라는 매듭으로 기록했거든요.

이 점토판은 오늘날 이라크와 시리아, 과거 티그리스강과 유프라테스강 유역에 살았던 고대 수메르인이 4,000여 년 전에 만든 거예요. 점토판에는 현재 해석할 수 있는 가장 오래된 글자인 쐐기 문자가 기록되어 있어요. 쐐기 문자는 젖은 점토판에 갈대 펜으로 작은 기호를 눌러 새기는 방식으로 기록했지요. 지금 봐도 신비로운데, 아마 그 당시에도 비슷했을 거예요. 모든 사람이 글을 읽을 수 있는 건 아니었거든요. 게다가 글씨 쓰는 일을 하는 필경사만 글을 쓸 수 있었어요.

이 점토판에 새겨진 글은 그다지 재미있지는 않아요. 그저 염소와 양이 몇 마리나 있었는지 적어 둔 거랍니다. 고대에 적힌 글 대부분이 그렇듯이 이 쐐기 문자도 오른쪽에서 왼쪽으로, 위에서 아래로 쓰였어요.

염소와 양의 수를 쐐기 문자로 기록한 점토판, 기원전 2350년경

소리를 적는 문자

쐐기 문자가 사실과 숫자만 기록했던 것은 아니에요. 쐐기 문자의 모양은 수백 년에 걸쳐 변했어요. 그러면서 조금 더 현대적인 글자 형태를 갖추게 되었어요. 아카드의 **엔헤두안나** (Enheduanna, 기원전 2285~기원전 2250) 공주 같은 작가들은 글 전체를 쐐기 문자로 남겼지요. 엔헤두안나 공주는 우르 사원 벽에 새긴 시에 자기만 쓰는 서명까지 남겼어요. 그녀는 문자로 기록을 남긴 첫 번째 작가 중 한 명으로 알려졌답니다.

수메르인과 비슷한 시기에 이집트인도 궁전이나 무덤의 벽에 글을 쓰고 새겼어요. 이때 사용한 것이 상형 문자인데, 첫 번째 상형 문자는 기원전 3200년경에 나타났어요. 이집트의 필경사들은 나일강가에서 자라는 갈대로 만든 종이인 파피루스에 글을 적었어요. 상형 문자는 언뜻 보면 그림처럼 보이지만 사실은 그림과 상징, 소리를 섞은 복잡한 언어예요.

이집트 왕 투탕카멘의 무덤에서 나온 상자, 기원전 14세기

학자들은 이러한 기호와 서명이 그림 형태의 단어 글자(표어문자)에서 소리를 글자로 쓴 소리글자(표음 문자)로 점차 바뀌었다고 생각해요. 예를 들어 염소와 양을 그림으로 그린 것은 단어 글자이고, 염소를 ㅇ-ㅕ-ㅁ-ㅅ-ㅗ, 달을 ㄷ-ㅏ-ㄹ로 나타낸 것은 소리글자이지요. 학자들은 이집트의 어린 왕 **투탕카멘**(Tutankhamun, 재위 기원전 1333~기원전 1323년경)의 무덤에서 나온 상자에 적힌 암호를 풀었어요(68쪽을 보세요). 그 결과 투탕카멘이라는 이름이 '그림'과 '소리'를 섞은 형태로 쓰여 있다는 것을 알아냈어요.

오늘날에도 어떤 언어에서는 그림과 소리글자를 섞어서 사용해요. 중국어도 그런 언어 중 하나인데, 중국어를 배우는 어린이들은 그림 형태의 단어 글자 수천 개로 된 한자를 익혀야 해요. 중국어는 발음 기호나 소리글자를 사용하지 않거든요. 예를 들어 중국어로 '화나다'를 뜻하는 한자는 '불'을 뜻하는 '화(火)'와 '크다'를 뜻하는 '대(大)'로 두 개예요.

여러분은 자기만의 언어를 발명할 수 있나요? 종이를 가져와 떠오르는 아이디어를 적어 보세요!

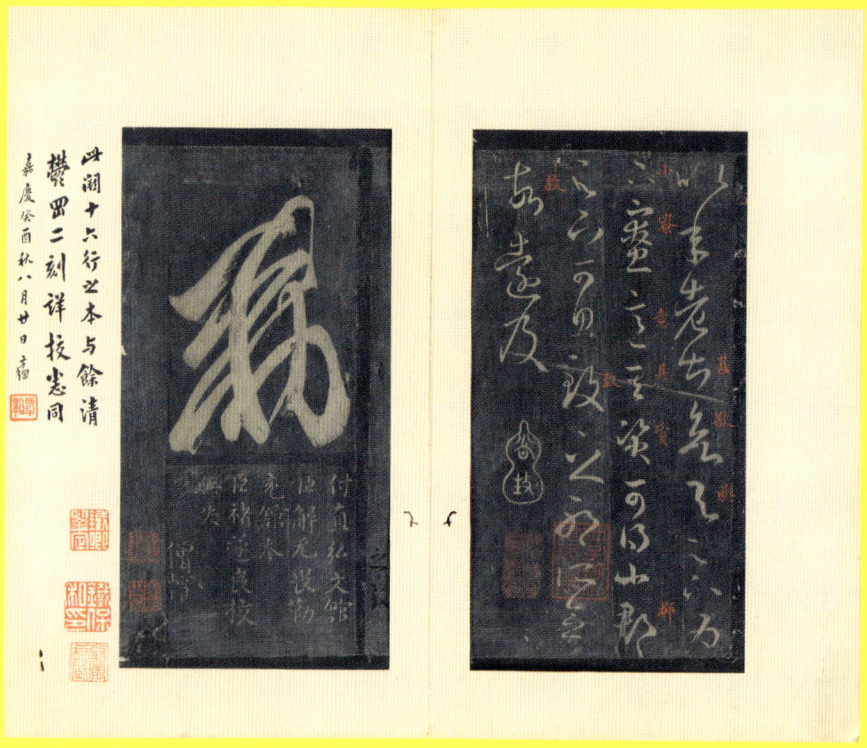

왕희지, 〈열일곱 번째 날〉

뛰어난 글씨체

어떤 전문가들은 글씨체를 위대한 예술로 만들 수 있어요. 4세기에 중국에서 **왕희지**(王羲之, 303~361) 같은 유명한 서예가들은 수천 개나 되는 한자를 수십 년간 공부하고 옮겨 적었어요. 동물의 가느다란 털로 만든 붓을 이용하여 가늘거나, 굵거나, 곧거나, 우아하게 굽은 선으로 된 글씨체를 다양하게 만들어 냈지요. 한자는 특정한 방식에 따라 써야 했어요. 각각의 글씨체에는 규칙이 있어서 모두 스승님께 배워야 했지요.

한자가 수천 개의 글자로 이루어진 것과 달리, 어떤 언어는 글자 개수가 훨씬 적어요. 기원전 800년경에 만들어진 그리스의 알파벳은 가장 먼저 만들어진 글자 중 하나인데 스물네 개밖에 없답니다.

Α Β Γ Δ Ε Ζ
Η Θ Ι Κ Λ Μ
Ν Ξ Ο Π Ρ Σ
Τ Υ Φ Χ Ψ Ω

이집트인이나 수메르인은 수천 개가 넘는 쐐기 문자나 상형 문자를 배워야 했지만, 그리스인이 읽고 쓰는 방식은 이보다 훨씬 쉬웠어요. 심지어 그리스 철학자 소크라테스는 쓰는 것이 사람들의 기억력을 엉망으로 만들 거라며 불평하기도 했어요.

글씨체의 특징은 손으로 쓸 때 가장 잘 드러나요. 어떤 글씨체는 신으로부터 직접 온 것처럼 아름답지요. 이슬람 문명이 시작된 7세기에는 교육 받은 전문가만 정교하고 징식적인 아랍어 글자를 쓸 수 있었어요.
이들은 유연한 갈대로 만든 펜을 잉크에 담가 정확히 점을 찍고, 물이 흐르듯 선을 그었어요. 이슬람 경전인 코란의 중요한 메시지를 눈에 띄는 기하학적인 패턴과 섞어서 신성한 건물에 적었지요(36쪽을 보세요).

점토판부터 태블릿까지 – 글쓰기 도구

우리는 중국인들이 뼈에 새겼던 단어, 수메르인들이 점토판에 새겨서 구웠던 단어, 로마인들이 돌에 새겼던 단어를 오늘날에도 읽어요. 양피지는 옛날에 동물의 가죽을 펴서 만든 종이예요. 그런데 여기에 적힌 글의 일부는 수천 년간 살아남았답니다. 피부에 잉크로 새긴 문신처럼 가죽 위에 잉크로 적은 글은 지워지지 않았거든요! 남아메리카의 마야인들은 책을 보호하기 위해 재규어의 가죽을 사용했어요.

오늘날 우리가 알고 있는 종이는 서기 100년경 중국에서 발명되었어요. 중국인들은 뽕나무 껍질을 으스러뜨린 것과 천 조각에 물을 섞어서 종이를 만들었어요. 이렇게 종이를 만드는 방법은 오랫동안 비밀에 싸여 있었어요. 8세기가 되어서야 남아시아와 중동 지역으로 퍼져 나갔지요. 책방들과 도서관들은 곧 수천 개의 두루마리와 필사본으로 가득 차기 시작했답니다.

재미있는 사실 하나를 알려 줄까요? 과거에 사용했던 여러 가지 글쓰기 도구와 현재 우리가 사용하는 전자 기기 중에 이름이 똑같은 것이 있답니다! 고대의 점토판이나 돌판을 영어로 '태블릿'이라고 하는데, 현재 우리가 게임을 하고, 그림을 그리고, 글을 읽는 데 사용하는 스마트 기기도 태블릿이라고 해요. 전자 태블릿은 '스타일러스'라는 펜으로 작동하는데, 스타일러스라는 이름은 고대에 양피지나 파피루스에 글을 쓸 때 사용했던 단단한 갈대 펜의 이름에서 따온 거예요. 예전에 많이 사용한 만년필은 속이 비어서 잉크를 담아 두기에 딱 좋았던 깃펜이 발전한 거고요. 여러분은 학교에서 연필이나 볼펜을 사용하지요? 그런데 요즘에는 많은 사람들이 키보드로 글을 써요. 여러분은 컴퓨터나 인터넷에 저장되는 글과 메시지가 과거에 진흙이나 뼈, 돌에 적었던 글만큼 오래갈 거라고 생각하나요? 그러길 바라요!

읽기
글로 쓴 것은 누가 읽을까요?

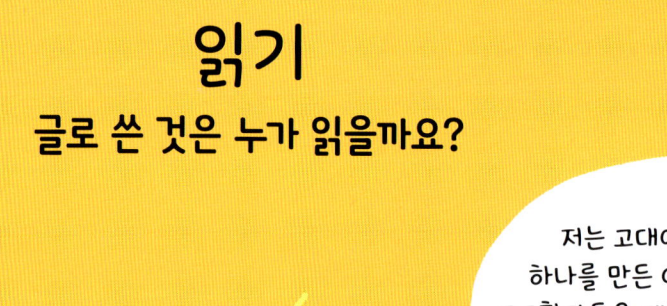

저는 고대에 가장 큰 도서관 중 하나를 만든 아슈르바니팔 왕입니다. 고고학자들은 폐허가 된 도서관 유적지에서 현재 남아 있는 가장 오래된 이야기 중 하나인 〈길가메시 서사시〉를 발견했지요.

최초의 독자들

인간은 태어난 첫해에 말을 시작하고 시간이 지날수록 점점 자연스럽게 말하게 돼요. 그러나 말하는 것과 달리 읽는다는 건 꽤 복잡하고, 완전히 잘 읽게 되기까지 무척 긴 시간이 걸려요. 중국어든, 영어든, 아랍어든, 러시아어든, 말하게 된 다음에 읽는 법을 배우려면 주의를 기울여서 천천히 배워야 해요. 지금 여러분이 이 글을 읽고 있다면, 잘하고 있다는 뜻에서 스스로를 쓰다듬어 주세요!

물론 최초의 독자들, 즉 처음으로 글을 읽은 사람들이 책부터 읽은 것은 아니에요. 최초의 독자들은 염소 값으로 얼마를 냈는지, 누가 어떤 땅을 가졌는지를 표시한 그림과 상징, 기호를 읽었어요. 앞에서도 보았듯이, 고대 국가들에서는 곧 언어를 완전하게 옮겨 쓴다는 생각을 해냈어요. 오늘날 우리가 하는 것처럼요. 하지만 고대 사회에서는 아주 적은 수의 사람만 글을 읽을 줄 알았어요. 대부분의 사람들은 글을 읽을 필요가 없었거든요. 그리스에서 중국에 이르기까지, 글을 쓰는 것과 마찬가지로 글을 읽은 것도 학자나 필경사뿐이어요. 필경사는 글자를 옮겨 적는 것 이외에도 글을 소리 내어 읽는 일을 했지요. 수천 년간 필경사는 많은 사람들 앞에서 글을 읽었어요. 사실, 소리를 내지 않고 눈으로 글을 읽기 시작한 건 그리 오래되지 않았어요. 많은 사람들이 읽는 법을 배워 재미 삼아 스스로 글을 읽게 된 19세기 이후부터랍니다.

책들을 위한 집

도시가 커지고 사람들이 이웃과 물건을 사고팔게 되면서 읽고 쓰는 것이 더욱 필요해졌어요. 우리 선조들은 점토판, 파피루스, 양피지에 엄청나게 많은 글을 남겼어요. 그래서 이것들을 어떻게 보관할지 생각해 내야만 했지요. 지금처럼 고대에도 중요한 문서를 모으고 보관한 곳은 도서관이었답니다.
고대 아시리아 왕 **아슈르바니팔**(Ashurbanipal, 재위 기원전 668~기원전 627년)은 수도 니네베의 도서관에 쐐기 문자로 쓴 점토판을 3만 개 넘게 보관했어요. 4,000년 된 〈길가메시 서사시〉는 이곳에서 발견되었지요. 이 이야기는 문자로 적힌, 세계에서 가장 오래된 것 중 하나랍니다.

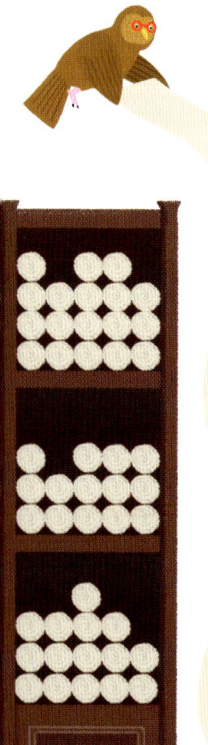

이집트의 알렉산드리아 대도서관(기원전 285~기원전 246년경 설립)은 고대에 가장 큰 도서관이었어요. 파피루스 두루마리가 수십만 개나 있었다고 해요.
항구에 도착하는 배들은 책을 싣고 오면 무조건 신고해야 했고, 이 책들은 필경사들이 기록하는 과정을 거쳐 도서관에 보관되었어요. 도서관에서는 의학이나 시 등 주제에 따라 책을 분류해서 보관했어요. 두루마리들은 그리스어 알파벳 순서에 따라 정리했고요.
이라크 바그다드의 '지혜의 집'이나 서아프리카 말리 팀북투의 도서관은 배움의 중심지가 되었답니다. 학자들은 그곳에 모여 공부하며 지식을 나누고 학생들을 가르쳤어요.

뉴욕 공공 도서관의 단면도, 1911년

물론 우리는 지금도 책을 모으고 보관해요! 이 책을 포함해 출간된 모든 책은 법에 따라 전 세계에서 가장 큰 도서관에 등록돼요. 세계에서 가장 큰, 런던에 있는 영국 도서관에는 1,300만 권 이상의 책이 있어요. 이 책들을 모두 보관하려면, 길이가 자그마치 746킬로미터에 이를 만큼 많은 책장이 필요해요. 그래서 책 대부분은 지하실에 보관되어 있어요. 여러분이 사는 곳 가까이에 있는 도서관은 어떤가요? 파리나 뉴욕, 상하이에 있는 도서관만큼 크지는 않을 거예요. 하지만 사서들이 책을 잘 관리하고 정리해 두는 건 어느 도서관이나 똑같아요. 모두에게 문을 활짝 열어 두는 것도요!

용과 싸우는 성 조지를 그린 기도서, 15세기

신성한 책

쓰는 것은 고대 세계에서 점차 널리 퍼져 나갔어요. 사람들이 최초로 쓴 글들은 대체로 종교에 관한 것들이었어요. 필경사들이나 승려들은 파피루스, 양피지 또는 종이에 신들의 신성한 말을 적어서 전달했어요. 그들이 옮긴 글로는 이슬람교를 처음 만든 마호메트에게 전해진 코란, 크리슈나와 라마, 시타 같은 힌두교 신들의 서사시, 아브라함과 모세, 노아가 등장하는 성경, 노자의 철학을 다룬 도덕경 등이 있어요. 수많은 사람들이 이 글들을 옮겨 적으며 공부했어요. 절, 수도원, 도서관에서는 이 글들을 세심하게 관리했지요. 사람들은 가장 오래된 종교적 글인 사해 문서(기원전 408~서기 318년)부터 최초의 책으로 알려진 부처의 〈금강반야바라밀경〉(868년)까지, 그 안에 기록된 말씀을 신으로부터 직접 받은 것이라고 믿었기 때문에 높이 받들어 섬겼어요.

36

이 신성한 말들은 양피지(동물 가죽)와 가죽 덮개로 만든 책에 쓰여
전 세계로 퍼져 나갔어요. 화려하게 장식한 《켈스의 서》(9세기)와
기독교의 작은 기도서는 값비싸고 귀한 것들이었어요. 엄청나게 공들여서
장식했거든요. 수도사가 수도원에서 성경 한 권을 베끼는 데는 1년이나
걸렸답니다. 그만큼 느리고 조심스러운 작업이었지요. 최고급 양피지에
깔끔하게 줄을 맞춰서 써야 했기 때문이랍니다.

이 책에는 얼마나 많은 단어가 쓰였을까요? 필경사라면 한 페이지만 보고도
정확하게 알아낼 거예요. 이 책을 옮겨 적는 데 시간이 얼마나 걸릴지
말이에요.

접히지 않는 두루마리와 달리 책은 독자들이 읽기 편하게 만들어졌어요.
책은 크기가 작아서 다루기가 쉬웠어요. 독서대에 걸쳐 놓거나 한 손으로
들 수도 있었지요. 글자 주변에 빈 곳이 있어서 책을 읽으며 메모할 수도
있었고요.

인쇄술

다음으로 말의 역사에 엄청난 변화를 가져온 것은 바로 인쇄술의 발명이었어요.
인쇄술 덕분에 글을 단숨에 많이 복사할 수 있었지요. 이 모든 것은 중국에서 시작되었답니다.
서기 800년경 중국에서는 글자와 그림을 나무판에 새기고 잉크를 입혔어요. 그 위에 종이
(28쪽을 보세요)를 덮고 눌러서 떼어 낸 다음, 이 종이들을 하나로 엮었어요. 글자를 새길 때는
거울에 비치는 것처럼 좌우를 뒤바꿔 새겨야 했어요. 그래야 종이를 떼어 냈을 때 글자가
제대로 인쇄되었거든요. 이러한 인쇄술은 중국 송나라(960~1279년)에서 처음 시작되었어요.
이때부터 책이 온 세계에 유행하게 되었지요. 사람들은 부처의 가르침과 같은 고전뿐 아니라
역사와 시, 그 나라의 지배 가문 이야기를 즐겨 읽었어요.

＊우리나라에서는 부처의 말씀을 담은 〈무구정광대다라니경〉을 현재 남아 있는 목판 인쇄물 가운데
세계에서 가장 오래된 것으로 여기고 있어요(704~705년 제작 추정). 하지만 아직까지 유네스코로부터
공식적으로 인정받지는 못했어요. -옮긴이

독일의 도시 마인츠에서 1440년대에 **요하네스 구텐베르크**(Johannes Gutenberg, 1397~1468)가 인쇄기를 발명하면서 모든 것이 또 한 번 바뀌었어요. 구텐베르크가 발명한 인쇄술은 페이지를 찍을 때마다 금속 활자를 하나하나 서로 다르게 조합하는 방식이었지요. 이 방식으로 수천 권의 책을 한 번에 인쇄할 수 있었어요. 이렇게 인쇄한 첫 번째 책이 바로 전 세계적인 베스트셀러 성경이었어요! 그러나 구텐베르크의 성경은 오래된 손 글씨체의 라틴어로 인쇄되었기 때문에 전문가들만 읽을 수 있었어요. 그 이후 1534년에 마틴 루터가 독일어로 번역하면서 많은 사람들이 성경을 읽을 수 있었지요. 지금까지 성경은 700개가 넘는 언어로 번역되었고, 50억 부 이상 인쇄되었을 거라고 해요.

구텐베르크의 인쇄술은 세상을 깜짝 놀라게 했어요. 곧 모든 사람이 책을 읽고 싶어 했지요! 이탈리아 출판업자 **알두스 마누티우스**(Aldus Manutius, 1450?~1515)는 1490년에 그리스와 로마의 오래되고 널리 알려진 글들을 모아 주머니에 쏙 들어가는 작은 크기로 인쇄했어요. 이 책들은 엄청난 인기를 끌었어요. 인쇄한 것은 책뿐만이 아니었어요. 빠르게 인쇄해야 하는 신문 광고, 팸플릿, 포스터도 도시 곳곳에서 보이기 시작했어요. 더 많은 책과 길거리에서 보이는 더 많은 글은 당연히 더 많은 독자를 만들어 냈답니다!

＊고려의 불교 서적《직지심체요절》은 구텐베르크 인쇄본보다 78년 앞선, 세계에서 가장 오래된 금속 활자 인쇄물임을 인정받았어요. 하지만 사회에 미친 영향력이 적어서 세계적으로는 구텐베르크가 본격적으로 인쇄술을 시작했다고 알려져 있어요. -옮긴이

"옛날 옛적에……."

이야기 읽기

여러분은 어떤 이야기를 읽고 싶은가요? 주인공이 긴 모험을 떠나는 이야기를 좋아하나요? 동물들이 말하고, 사람들이 마법의 힘을 가진 판타지 이야기를 읽고 싶은가요? 아니면 실제 장소에서 벌어지는 사실적인 이야기를 즐기나요?

'옛날 옛적에……' 또는 '아주 먼 옛날에……'. 지난 수백 년 동안 세계 곳곳에서 이야기는 이렇게 시작되었어요. 이야기가 시작되면 독자들은 자기가 아는 것을 뒤로하고, 새롭고 신나는 세상으로 갈 준비를 해야 해요. 우리는 책을 펼쳐서 이야기를 읽을 때면 자기가 겪은 일들을 생각해요. 그동안 읽었던 모든 이야기를 떠올리면서, 이야기 속 주인공의 삶과 행동을 자기 자신의 실제 삶과 비교하지요. 이것이 바로 모든 책이 모든 독자에게 다르게 다가가는 이유랍니다.

학자들은 전 세계적으로 유명한 이야기들의 구조가 대부분 비슷하다는 것을 발견했어요. 몇몇 유명한 이야기는 4,000년 전에 최초로 기록된 이야기인 〈길가메시 서사시〉와 줄거리가 비슷해요. 〈길가메시 서사시〉는 영원한 생명의 비밀을 찾는 영웅 우루크 왕의 모험 이야기예요. 미국 학자 **조지프 캠벨**(Joseph Campbell, 1904~1987)은 전 세계의 신화와 전설을 탐구해 책을 썼어요. 그는 신화와 전설이 가진 공통점을 찾아냈어요. 그것은 바로 영웅들은 언제나 여행을 하면서 새로운 통찰력이나 힘을 얻고 돌아온다는 것이었지요. 그는 이 책의 제목을 《천 개의 얼굴을 가진 영웅》(1949년)으로 붙였어요. 미국 영화감독 **조지 루카스** (George Lucas, 1944~)는 이 책에서 영감을 받아 유명한 영화 〈스타워즈〉의 대본을 썼답니다.

멋지게 모험을 마치고 돌아온 영웅의 이야기를 담은 책 중에 떠오르는 것이 있나요? 언젠가는 여러분이 그런 책을 직접 쓸 수도 있을 거예요.

기록이 말해요!

우리는 옛날 사람들이 쓴 글을 읽을 때면 시간을 거슬러 올라가요. 편지, 일기, 공책을 보면 글쓴이의 생각이나 기분을 알 수 있어요. 때때로 이런 기록들은 역사를 바꾸는 데 도움을 주기도 해요.

편지는 손상되기 쉬워서, 수천 년 전에 쓰인 것은 대부분 남아 있지 않아요. 그렇지만 우리는 역사에 남은 기록을 통해 선조들이 편지 쓰기를 좋아했다는 사실을 알 수 있어요. 고대에는 종종 새를 통해 편지를 배달했답니다! 그래서 당시 사람들은 건물의 지붕과 탑에 이런 심부름꾼 새들을 위한 집을 많이 지었어요. 새들은 고대 세계의 지도자와 전투, 물건을 사고파는 것에 관한 소식을 수천 년간 안전하고 빠르게 전달했지요. 제1·2차 세계 대전 때는 비둘기가 그런 역할을 했답니다.

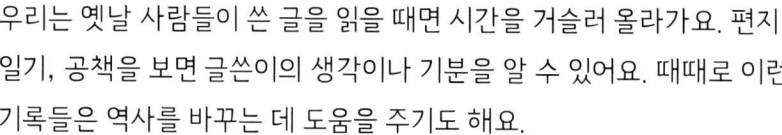

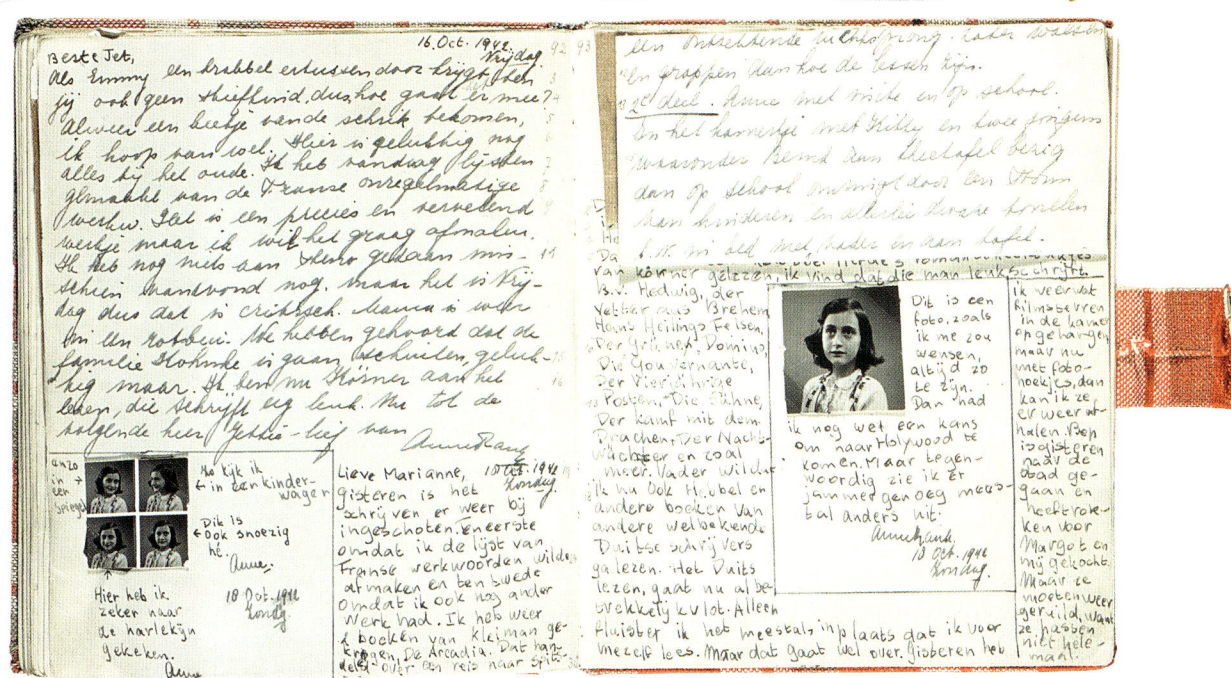

안네의 일기 원본, 1942년

우리는 지금까지 남아 있는 오래된 문서들을 통해 당시 사람들이 어떻게 살았는지 슬쩍 엿볼 수 있어요. 이탈리아 예술가 **레오나르도 다 빈치**(Leonardo da Vinci, 1452~1519)의 공책은 예술과 과학에 대한 탐구로 가득 차 있답니다. 그는 좀 더 개인적인 생각과 관찰을 담은 페이지에 자기만 읽을 수 있는 거울 문자를 사용하기도 했어요.

1942년 **안네 프랑크**(Anne Frank, 1929~1945)는 열세 살 생일 선물로 일기장을 받았어요. 몇 주 후, 유대인이었던 안네와 가족들은 나치를 피해 네덜란드 암스테르담의 한 건물에 숨어야 했지요. 이때 일기를 쓰는 것이 안네에게 큰 도움이 되었어요. 안네는 자기 삶을 일기로 썼고, 소설도 쓰기 시작했어요. 꼬박 2년이 지난 후 안네아 가족들은 나치에 들켜 체포되었지요. 이후 안네와 가족들을 보호해 주었던 친구 가족이 안네가 숨겨 둔 책과 종이를 발견했어요. 1947년에 안네의 아버지 오토가 이것을 책으로 출간했지요. 안타깝게도 안네와 언니 마르고트, 엄마는 전쟁이 끝나기 몇 주 전에 사망했어요. 오늘날 안네의 일기는 세계 곳곳에서 70개 언어로 번역되었어요. 안네의 글을 통해 그녀의 이야기는 계속 이어지고 있답니다.

4

언어 배우기
언어란 무엇일까요?

저는 윌리엄 셰익스피어입니다. 16~17세기에 영국에서 연극 대본을 썼지요. 저는 훗날까지 쓰이게 될 새로운 영어 단어를 수백 개 넘게 만들었어요. 예를 들면 'gossip(소문)', 'lonely(외로운)', 'zany(엉뚱한)' 같은 단어들이 있답니다.

나의 언어 말하기

오늘날 전 세계에서 사용 중인 언어는 7,000개가 넘을 거라고 해요. 더 오래전에 사용되었던 언어까지 합하면 훨씬 더 많고요. 그런데 언어가 왜 이렇게 많을까요? 언어는 서로 다른 지역에서 생겨났고 저마다 다른 방식으로 발전했어요. 시간이 지나면서 전 세계에 퍼졌지요. 같은 언어를 사용하는 무리에서는 수천 년 동안 새로운 단어를 만들고, 오래된 단어를 새롭게 발음하는 법을 만들었어요. 언어는 흥미로운 방식으로 섞이기도 했답니다.

언어학자들은 전 세계의 언어를 연구하고, 언어 가계도를 만들었어요. 언어 가계도는 언어들이 어떻게 연결되어 있는지를 보여 주는 그림이에요. 같은 지역에서 나온 언어들은 한 무리로 묶을 수 있어요. 전 세계 언어의 약 3분의 1은 아프리카에서 시작되었는데, 이것은 여섯 갈래로 나누어져요. 그중 가장 큰 갈래는 1만 5,000여 년 전 니제르와 콩고강 주변에서 사용되었던 언어예요. 스칸디나비아반도의 덴마크어, 스웨덴어, 노르웨이어는 모두 가깝게 연결되어 있어요. 핀란드어만 완전히 다르지요. 핀란드어의 뿌리를 거슬러 올라가면, 약 1만 년 전 러시아의 우랄산맥에서 사용된 언어라는 것을 알 수 있어요.

입으로 말하는 언어와 글로 쓰는 언어가 항상 같은 것은 아니에요. 중국의 북경어와 광둥어는 글로 쓸 때는 같은 한자로 표기하지만, 말할 때는 완전히 달라요. 반대로 인도의 힌디어와 우르두어는 말소리가 매우 비슷하지만, 완전히 다른 글자를 써요. 힌디어는 데바나가리 문자를 쓰고, 우르두어는 나스탈리크체를 쓴답니다. 똑같은 언어로 말하는 사람들조차 억양이 완전히 다르기도 해요! 여러분은 말할 때 친구와 완전히 똑같이 발음하나요? 친구들과 대화할 때 주의 깊게 들어 보세요!

이 언어 가계도에는 인도유럽어족과 우랄어족의 일부만 나타냈어요.

언어의 세계

모국어는 태어나서 첫 번째로 배우는 언어예요. 처음 말을 시작할 때부터 배우지요. 중국의 표준어인 북경어는 세계에서 가장 많은 사람들이 모국어로 사용하는 언어랍니다. 11억 명이나 사용하고 있거든요. 영어는 제2외국어로 사용하는 사람들까지 포함하면, 세계에서 13억 명이 넘는 사람들이 사용해요. 여러 언어로 말할 줄 아는 사람도 있는데, 고대 이집트 여왕 **클레오파트라**(Cleopatra, 재위 기원전 51~기원전 30년)는 그리스어, 이집트어, 아랍어를 포함해 아홉 가지 언어로 말할 줄 알았다고 해요.

모든 언어에는 공통점이 있어요. 바로 언어마다 단어를 어떻게 사용해야 하는지를 정한 '문법'이 있다는 거예요. 인도 작가 **파니니**(Panini, 기원전 520?~기원전 460?)는 초기 언어학자 중 한 명이에요. 그는 고대 인도어인 산스크리트어 단어와 문장의 세부 사항을 설명하는 책을 썼지요.

어떤 언어를 사용하든 누구에게나 이름이 있어요. 오늘날 사람들에게는 대부분 이름과 함께 세대를 거쳐 내려온 성이 있지요. 조상들은 사람을 확인할 때 성을 무척 유용하게 썼어요. 성이 직업을 나타내는 경우가 많았거든요. 영국의 성 중 하나인 베이커(제빵사)처럼요! 성은 일본의 야마모토(산기슭)처럼 어느 지역에서 왔는지를 알려 주기도 하고, 남아프리카 코사족의 불레(아름다운)나 인도 힌디어의 싱(사자)처럼 외모나 성격을 나타내기도 했어요.

'~의 아들'을 뜻하는 이름도 굉장히 많이 쓰여요. 예를 들어 스페인어로 로드리게스는 '로드리고의 아들', 러시아어로 디미트로프는 '디미트리의 아들'이라는 뜻이에요. 오늘날 아이슬란드나 말레이시아 같은 나라에서는 가족이 같은 성을 계속 이어받지 않아요. 아이슬란드인 아버지 이름이 '올라프'라면 아들은 '마그누스 올라프손(올라프의 아들)', 딸은 '헬가 올라프스도티르(올라프의 딸)'예요. 그러나 마그누스의 아들 욘은 '욘 마그누손(마그누스의 아들)'이랍니다. 이런 식으로 계속 이어져요.

단어 정리하기

4,000년 전에 만들어진 점토판에서 단어들과 이 단어들의 뜻이 발견되었어요. 사람들은 곧 이 언어를 책에 기록하고 분류했지요. 오늘날 우리는 가나다, 또는 알파벳 순으로 배열된 사전에 익숙해요. 하지만 사전들이 항상 그렇게 배열되는 건 아니에요. 기원전 200년경 중국에서 만든 중국어 사전은 주제에 따라 분류되었어요. 한편 서기 700년경 이라크 바스라에서 만든 첫 번째 아랍어 사전 《키타브 알아인》은 단어를 발음하는 방식에 따라 배열되었지요.

1755년에 **새뮤얼 존슨**(Samuel Johnson, 1709~1784)이 만든 영어 사전처럼 나중에 나온 사전들은 **윌리엄 셰익스피어**(William Shakespeare, 1564~1616) 같은 작가의 글을 가져와 단어의 역사를 담기도 했어요. 1828년에 **노아 웹스터**(Noah Webster, 1758~1843)는 영국의 영어 철자를 간소화한 미국식 영어 사전을 편찬했어요. 예를 들어 색깔을 뜻하는 'colour'는 'color'로, 중심이나 가운데를 뜻하는 'centre'는 'center'로 바꿨지요. 이 두 철자 방식은 지금도 그대로 쓰이고 있어요.

사전은 새로운 단어를 배우는 데 아주 쓸모가 많아요. 친구들과 사전을 이용해 놀이를 해 본 적이 있나요? 먼저 사전에서 낯선 단어를 아무거나 골라 몇 가지 뜻을 만들어요. 그런 다음 그 단어를 본 적 없는 친구가 정확한 뜻을 포함하여 모든 뜻을 읽어요. 마지막으로 어떤 뜻이 정답인지 다 함께 맞혀 봐요! 아마 놀랄 정도로 헷갈릴 거예요.

칼 폰 린네가 만든 식물 분류 체계, 1826년

학자들은 정보와 지식을 구성하기 위해 단어를 사용해요. 스웨덴 식물학자 **칼 폰 린네**(Carl von Linné, 1707~1778)는 모든 동물과 식물에 속과 종이라는 두 가지의 라틴어 학명을 붙였어요. 예를 들어 호랑이의 학명은 '판테라 티그리스'로, 사자의 학명은 '판테라 레오'로 붙였지요. 두 학명에 공통으로 들어가는 단어는 '판테라'예요. 판테라는 호랑이와 사자가 사납게 울부짖는 거대한 고양이과 동물에 속한다는 것을 알려 줘요. 오늘날에는 새로운 별을 발견하거나 새로운 약을 개발했을 때, 또는 우리를 괴롭히는 태풍이나 질병이 등장했을 때 새로운 단어를 만들어요. 단어는 세상을 이해하는 데 도움을 준답니다!

뜻을 알아채요!

각각의 언어는 작용하는 방식이 다르기 때문에 항상 완벽하게 번역할 수는 없어요. 때로는 아예 없는 단어도 있거든요! 예를 들어 러시아어에서 밝은 파란색과 어두운 파란색을 뜻하는 단어가 한국어에서는 파란색과 초록색을 뜻해요. 같은 단어인데도 말이에요. 이것은 러시아인과 한국인이 색을 다르게 본다는 것을 의미할까요? 몇몇 과학자는 그렇다고 생각해요!

번역가들은 책을 번역할 때 알맞은 단어를 찾아내야 해요. 《해리 포터》는 79개 언어로 번역되었는데, 각 언어의 번역가는 독자가 모든 단어를 이해하도록 확실히 번역해야 했지요. 히브리어 번역본에서는 시리우스 블랙이 크리스마스 노래 대신 하누카 노래를 부르는 것으로 번역했어요. 힌디어 번역본에서는 마법의 주문들을 라틴어가 아닌 고대 산스크리트어로 적었답니다.

'번역이 잘못되어서 이해할 수 없음'이라는 유명한 문구가 있어요. 원래의 단어나 문구의 핵심을 잘못 번역하여 뜻이 바뀌는 것을 의미해요. 이탈리아 천문학자 **조반니 스키아파렐리**(Giovanni Schiaparelli, 1835~1910)는 1877년에 화성의 표면을 망원경으로 관찰했어요. 그는 화성의 바다와 대륙, 그리고 그가 이탈리아어로 '수로'를 의미하는 카날리(canali, 영어로는 'channels')로 불렀던 어두운 선들에 대해 이야기했어요. 그런데 이 단어는 영어로 사람이 만든 물길을 뜻하는 '운하(canals)'로 잘못 번역되었어요. 사람들은 누군가가 화성에 운하를 만들었을 것이라는 생각만으로도 무척 흥분했어요! 화성에 있는 이 운하들은 외계인이 만든 것일까요? 화성에 정말 생명체가 살 수 있을까요?

어떤 단어들은 새로운 언어로 설명하기가 굉장히 어려워요. 오래된 측정 단위를 뜻하는 '포론쿠세마(poronkusema)'는 핀란드어인데, 순록이 똥이나 오줌을 누지 않고 한 번에 갈 수 있는 거리인 약 7.5킬로미터를 뜻한답니다! 하지만 우리는 다른 사람들과 자주 의사소통하면서 더 많은 단어를 공유하게 되었어요. 오늘날 '피자'나 '스시' 같은 단어는 전 세계적으로 널리 쓰이지요. 이렇게 번역할 필요가 없는 단어도 많아요.

피자!

스시!

53

5

영향력 있는 말
말은 우리에게 어떤 영향을 미칠까요?

저는 아소카입니다. 2,000여 년 전 인도 마우리아 왕조의 왕이었지요. 제 왕국 주변은 제 글을 새긴 돌기둥으로 둘러싸여 있었어요. 이 돌기둥들은 사람들이 어떻게 살아야 하는지 알려 주는 지침서 역할을 했답니다.

지구 온난화 그만

저는 마틴 루터 킹입니다.
1963년 미국 워싱턴에서
중요한 연설을 했지요.
이 연설은 미국의 법 앞에서는
모든 인종이 평등하다는 것을
보여 주었답니다.

기후를 위한
학교 파업

저는 그레타 툰베리예요.
2018년 스웨덴 의회 앞에서
팻말 시위를 해서 유명해졌어요.
저는 팻말에 '기후를 위한 학교 파업'이라고
적었어요. 사람들이 지구를 지키길 바라는
마음에서 이렇게 썼지요.

벌레에게
평화를

다른 세계와 소통하는 말

많은 고대 조상들에게 말은 인간 세계를 넘어 다른 세계와 소통하는 방법이었어요. 사람들은 무리 지어 기도하거나 노래하면 신들과 조상들에게 연결된다고 여겼지요. 뉴질랜드에 사는 마오리족의 카파하카 의식 같은 것들은 오늘날에도 여전히 다음 세대로 전해지고 있어요. 카파하카 의식에서 부르는 노랫말에는 죽은 사람을 기리는 내용이 담겨 있어요. 노랫말은 언어와 문화를 지키고, 다음 세대에 문화를 전하고 가르치는 역할을 해요.

사람들은 어떻게 하면 좋은 삶을 살 수 있는지를 적어서 지침서로 삼기도 했어요. 처음으로 적은 말은 종교의 신성한 말들이었어요.
기독교의 성경, 이슬람교의 코란, 유대교의 토라, 힌두교의 베다가 그 예예요. 구약 성서에는 모세가 시나이산에서 십계명을 새긴 돌을 가지고 온 이야기가 실려 있어요. 십계명은 히브리인들이 어떻게 살아야 하는지에 대해 말하고 있지요. 이슬람교에서는 '이슬람의 기둥'이라는 것을 따라서 새벽부터 자정 사이에 다섯 번씩 '살라트'라고 부르는 기도를 해요. 이렇듯 말은 종교와 철학에서 엄청난 힘을 가지고 있어요. 힌두교와 불교를 믿는 사람들은 기도할 때 '만트라'라는 단어나 문장을 계속해서 외운답니다.

```
A B R A C A D A B R A
 A B R A C A D A B R
  A B R A C A D A B
   A B R A C A D A
    A B R A C A D
     A B R A C A
      A B R A C
       A B R A
        A B R
         A B
          A
```

마법의 말

위에 있는 종잇조각에 적힌 말이 무엇인지 아나요?
아마 마술 쇼에서 들어 본 적이 있을 거예요. 사람들은 '아브라카다브라'라는
말에 마법의 힘이 있다고 오랫동안 믿었어요. 이 글자 배열은 2세기에 **세레누스
삼모니쿠스**(Serenus Sammonicus, ?~212)라는 로마 의사가 쓴 의학서에서
처음 나왔어요. 한 줄에 한 글자씩 규칙적으로 줄어들면서 삼각형 모양을 이루지요.
당시 사람들은 이것을 부적처럼 목 주위에 두르고 다녔어요. 그러면 글자가 하나씩
사라지는 것처럼 질병도 사라질 거라고 믿었기 때문이에요.

새로운 마법의 말을 만들어 볼까요?
오래된 것이어도 괜찮아요!

아브라카다브라!

행동에 영감을 주는 말

여러분에게 뭔가 영감을 준 말이 있나요? 1,000년 전 전투에서 사용한 구호부터 유명한 인용문에 이르기까지, 말은 우리가 무언가를 믿게 해요. 1963년에 미국 워싱턴에서 목사 **마틴 루터 킹**(Martin Luther King, 1929~1968)은 '나에게는 꿈이 있습니다'라는 말로 연설을 시작했어요. 사람을 피부색이 아닌 행동으로 판단해야 한다고 주장했지요. 그의 꿈은 오늘날에도 많은 사람들에게 영감을 주고 있어요.

사람들은 종종 자기가 남긴 말로 기억돼요. 1969년에 인류 최초로 달에 간 우주 비행사 **닐 암스트롱**(Neil Armstrong, 1930~2012)은 달에 첫발을 내디디며 이렇게 말했어요. "한 인간에게는 작은 한 걸음이지만, 인류에게는 위대한 도약이다." 약 39만 킬로미터 떨어진 우주에서 남긴 그의 말에 전 세계 6억 명의 사람들이 기뻐하며 소리를 질렀어요. 이 말은 지금까지도 유명해요.

기후를 위한 학교 파업

우리는 같은 민족이다!

벌레에게 평화를

부엉이인 것이 자랑스럽다

여성에게 투표권을!

흑인의 목숨도 소중하다

사람들에게 지지를 받고 싶다면 적당한 말을 고르는 것이 중요해요. 20세기 초에 영국에서는 '서프러제트'라는 여성 참정권 운동가들이 캠페인을 벌였어요. 여성들에게도 투표할 권리를 달라는 것이었지요. 이들은 1903년에 '여성에게 투표권을!'이라고 적은 팻말을 들었고, 1918년에 결국 투표권을 얻어 냈답니다. 베를린 장벽에 적힌 '우리는 같은 민족이다!'부터 '아랍의 봄'(2010~2012년)에 일어난 반정부 시위의 '독재 정권 물러나라!'까지, 그동안 세계에서는 수많은 팻말 시위가 일어났어요. **그레타 툰베리**(Greta Thunberg, 2003~)는 2018년 스웨덴 의회 앞에서 '기후를 위한 학교 파업'이라고 쓴 팻말을 들었어요. 이것은 전 세계 청소년들에게서 기후 행동을 이끌어 냈답니다.

소셜 미디어가 발명되면서 단어가 사람들을 연결하고 있어요. 세계 어느 곳에 살고 있든 똑같은 해시태그(2013년에 처음으로 사용되었어요)를 사용하면, 같은 것을 지지하는 사람들끼리 함께 움직일 수 있지요. 2012년 미국에서 시작된 '흑인의 목숨도 소중하다(Black Lives Matter)' 운동을 지지하는 사람들은 특정한 장소에 직접 나가서 시위하지 않아도 전 세계 어디에서든 '#BLM' 등의 해시태그를 사용하여 지지 의견을 낼 수 있었어요. 소셜 미디어가 그들의 이야기를 들어주는 공간이 된 것이지요.

법에 쓰인 말

여러분이 어떤 내용을 문서에 적고 그 내용에 동의하고 서명하면, 그 문서를 통해 계약이 성립돼요. 전 세계 정부에서는 이런 방식으로 말을 법으로 만들었어요. 법은 우리가 해도 되는 것과 하면 안 되는 것을 설명하는 규칙이에요. 논쟁을 해결하거나 나쁜 행동을 처벌할 때 도움이 되지요.

고대에도 법은 같은 역할을 했어요. 메소포타미아에서는 점토판에 우르남무 법전(기원전 2100년경)을 새겼어요. 인도의 왕 **아소카**(Emperor Ashoka the Great, 재위 기원전 268~기원전 232년경)는 좋은 삶에 대한 지침과 부처의 생애에 관한 글을 거대한 돌기둥에 새겼지요. 오늘날에도 우리는 오래도록 바뀌지 않고 지속되는 것에 대해 말할 때 '셋 인 스톤(set in stone)'이라고 해요. '확실하게 정해지다'라는 뜻이에요.

맹세나 서약은 남들 앞에서 하는 특별한 약속이에요. 여러분이 대통령이 된다면, 법정에 증인으로 서거나 결혼을 한다면, 또는 어떤 나라의 시민이 된다면 서약을 해야 해요. 의사들은 의사로 일하기 전에 고대 그리스의 의사 **히포크라테스**(Hippocrates, 기원전 460?~기원전 377?)가 작성한 '히포크라테스 선서'를 해요. 의사로서 최선을 다해 환자를 치료하겠다고 맹세하는 거예요. 마술사 협회에 속한 마술사들도 마술의 비밀을 꼭 지키겠다고 엄숙하게 맹세하지요.

마술사를 그린 석판 컬러 인쇄물, 1870~1880년경

다양한 지폐에 적힌 금액도 하나의 약속이에요. 지폐에 적힌 금액만큼 뭔가를 사거나 이용할 수 있다는 약속이지요. 종이 지폐는 모두가 동전을 쓰던 1375~1425년에 명나라에서 처음 사용되었어요. 그 당시 지폐는 오늘날보다 컸고, 뽕나무 껍질로 만든 종이에 인쇄되었어요. 거기에는 이렇게 적혀 있었답니다. '위조는 죽음이다.'

61

영국 런던의 피커딜리 서커스를 그린 엽서, 1955년경

거리의 말

도시의 거리를 걷다 보면, 온통 말로 뒤덮여 있다는 것을 알 수 있어요. 쓰기를 시작한 뒤로 사람들은 벽에 단어와 글자를 새기거나 그렸어요. 서기 79년에 고대 로마의 도시 폼페이는 베수비오 화산 폭발로 잿더미에 묻혔는데, 벽에 아직도 글자가 남아 있답니다. 수천 년이 지나 인쇄술이 발명된 이후로는 벽에 그렸던 글자 위에 대량으로 인쇄한 포스터들이 붙었어요. 거리는 더욱더 빠르게 말로 가득 찼지요.

영국 런던이나 나이지리아 라고스, 미국 라스베이거스에서 길을 걷다 보면 길 안내, 상품 광고, 상점 설명, 주의 사항 등 수백 개의 말과 만나게 될 거예요. 미국에서는 1830년대부터 높은 건물 꼭대기나 길가에 설치하는 거대한 광고판인 빌보드가 인기를 끌었어요. 전기가 발명된 이후로는 광고판을 더욱 크게 만들고 불을 환하게 밝혀서 더 멀리에서도 읽을 수 있었답니다. 20세기 초에는 자동차가 널리 퍼지면서 새로운 길과 고속 도로에 광고판이 줄을 서듯 생겨났어요.

빌보드와 광고판은 상품을 알릴 때 유용했어요. 광고 슬로건도 생겨났지요. 슬로건은 상품이나 브랜드가 말하려는 것을 간단한 문구로 알려 줘요. 예를 들어 나이키의 '저스트 두 잇(Just do It, 그냥 한번 해 봐)!'이나 맥도날드의 '아임 러빈 잇(I'm Lovin' It, 나는 이것을 좋아해)'과 같이 말이에요. 세계적인 회사들은 메시지를 전달할 때 문구가 얼마나 중요한지 잘 알아요. 어떤 광고 문구를 기억하며 행복을 느끼고 영감을 받을 때면, 이미 그 상품과 연결된 것 같지요. 특정한 브랜드의 신발이나 햄버거가 가깝게 느껴지는 것처럼 말이에요. 이 모든 것이 말의 힘이랍니다!

그냥 한번 해 봐!

햄버거 타임!

그림 속 말

오늘날 전 세계의 예술가들은 거리를 캔버스처럼 사용해요. 그라피티로 자신만의 말이나 그림을 남기고 태깅(서명)을 하지요. 그라피티(Graffiti)는 '긁는다'는 뜻의 이탈리아 단어 '그라피아레(graffiare)'에서 왔어요. 3만 년 전 동굴 벽에 남아 있는 긁힌 기호와 초기 글자들이 최초의 흔적들이지요. 1970년대 뉴욕에서는 공공장소나 벽에 자기 서명을 포함한 그라피티를 남기는 것이 엄청난 인기를 끌었어요. **레이디 핑크**(Lady Pink, 1964~) 같은 예술가들은 오래된 건물의 벽이나 열차에 스프레이로 자신의 이름을 칠했어요. 그라피티 화가로 시작한 **장 미셸 바스키아**(Jean-Michel Basquiat, 1960~1988)는 단어, 긁은 자국, 낙서를 사용해 그림을 그렸답니다.

20세기의 예술가들은 말에 푹 빠졌어요. 스페인 화가 **파블로 피카소**(Pablo Picasso, 1881~1973)와 프랑스 화가 **조르주 브라크**(Georges Braque, 1882~1963)는 1912년에 신문에서 오려 낸 조각을 자기 그림에 붙였어요. 독일 화가 **한나 회흐**(Hannah Höch, 1889~1978) 같은 예술가들은 잡지에서 오려 낸 글자 조각을 사진 콜라주 작품에 붙였지요. 이렇게 상상에서 나온 이미지 대신 실제 세계에서 가져온 글자를 작품에 사용하는 것은, 예술가들에게 그들의 예술이 일상생활과 연결되어 있음을 보여 주었어요.

에드 루샤, 〈OOF〉, 1962년

미국 예술가 **에드 루샤**(Ed Ruscha, 1937~)는 1960년 이후에 글자를 이용해 그림을 그렸어요. 그의 작품은 대부분 글자의 힘을 나타내요. 그는 로스앤젤레스의 미술 학교에 다니는 동안 간판을 만드는 것으로 일을 시작했어요. 1962년에 그린 〈OOF〉라는 작품을 보면 그가 말소리만큼이나 글자의 모양을 즐긴다는 것을 알 수 있어요. 글자는 우리의 눈길을 끌어요. 안 보고 지나칠 수 없을 만큼요!

숨겨진 말
말의 뜻 숨기기, 그리고 알아내기

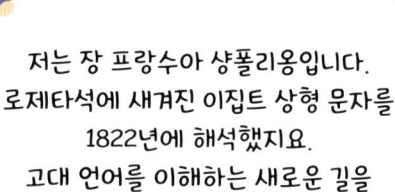

저는 장 프랑수아 샹폴리옹입니다.
로제타석에 새겨진 이집트 상형 문자를
1822년에 해석했지요.
고대 언어를 이해하는 새로운 길을
열었다고 할 수 있어요.

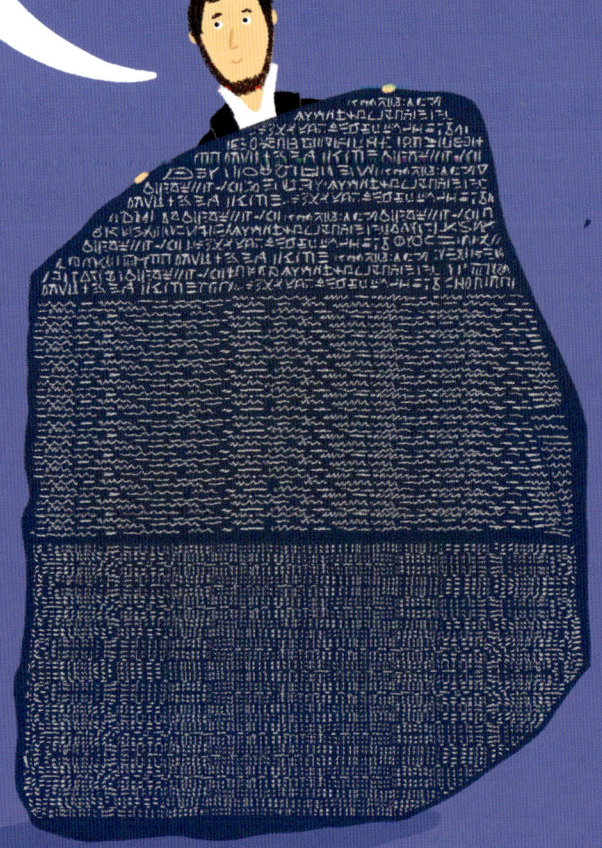

암호를 풀어요!

암호를 풀어 본 적이 있나요?
우리가 과거에 대해 알고 있는 것 대부분은 암호를 해독한 사람들 덕분이에요.
1799년에 이집트 로제타에서 4,000년 된 바윗덩어리가 발굴되었어요.
이것을 '로제타석'이라고 해요. 로제타석에는 프톨레마이오스 5세에 관한 글이
이집트 상형 문자, 이집트어, 고대 그리스어로 적혀 있었는데, 프랑스 언어학자
장 프랑수아 샹폴리옹(Jean-François Champollion, 1790~1832)이 암호를
풀었어요. 처음으로 이집트 상형 문자를 해독한 거예요.

암호는 단어를 드러낼 뿐만 아니라 비밀스럽게 숨기는 데 사용돼요!
비밀 문자를 보내야 할 때 사용하는 방식은 다양해요. 1838년에 발명된
모스 부호는 점과 선, 빈 공간으로 알파벳 A부터 Z까지 나타내요. 먼 곳까지
소리를 전송하는 최초의 기계 중 하나인 전신기와 동시에 발명되었고요. 받는
사람이 암호만 알면 짧은 '삐' 소리(점)와 긴 '삐-' 소리(선)로 메시지를 전달할
수 있었어요.

바다에서는 모스 부호를 빛으로 전송했어요. 점은 짧은 빛, 선은 긴 빛으로 나타냈지요. 모스 부호는 다른 암호와 마찬가지로 단순했어요. 한 가지 부호로 한 글자를 대체했거든요. 각 단어나 글자를 나타내는 부호를 직접 만들어 볼까요? 93쪽으로 가서 몇 가지 아이디어를 살펴보세요!

암호를 발명하고 푸는 것은 전쟁에서 무척 중요했어요. 기계가 발명되면서 암호는 점점 더 복잡해졌지요. 제2차 세계 대전 때 영국에는 강력한 암호 해독 기계를 설계하고 그것을 작동시키는 프로그램을 만드는 팀이 따로 있었어요. '봄브'라는 거대한 장치도 그중 하나였는데 봄브는 **앨런 튜링**(Alan Turing, 1912~1954)이 발명했고, '렌즈'로 불리는 해군 여자 부대 요원들이 작동시켰어요. 그중 한 명이 **진 밸런타인**(Jean Valentine, 1924~2019)이었고, 그들은 적의 비밀 계획을 담은 수천 개의 문서를 해독했어요.

말놀이

말놀이는 말의 역사만큼이나 오래됐어요!
로마인들은 '사토르 마방진'이라는 단어 퍼즐 놀이를 만들었어요. 이 단어 퍼즐은 가로 다섯 칸, 세로 다섯 칸으로 구성되어 있었고 위, 아래, 앞, 뒤로 읽을 수 있는 단어가 다섯 개 들어 있었어요. 이 놀이는 최초의 것이 발견된 폼페이에서 멀리 떨어진 시리아와 스웨덴의 고대 건물에서도 발견되었지요. 이 다섯 개의 라틴어 단어를 읽는 것은 간단했지만, 정확한 뜻을 알아내는 데는 수천 년이 걸렸어요. 학자들은 기독교의 기도문부터 마법 주문에 이르기까지 다양한 해석을 내놓았지요.

머리를 긁적이게 하는 당황스러운 질문인 수수께끼 또한 고대부터 시작되었답니다. 다음 수수께끼는 4,000년 전 점토판에 쓰인 상형 문자를 간단히 줄인 거예요.

집이 있어요. 한 사람이 눈이 먼 채로 들어갔는데 나올 때는 보여요. 이것은 무엇일까요?

그리스 신화에는 오이디푸스 이야기가 나와요. 그는 머리는 인간인데 몸은 사자인 신화 속 괴물 스핑크스의 수수께끼를 풀려고 도전했지요. 고대 도시 테베스로 가는 길을 가로막고 스핑크스가 오이디푸스에게 다음과 같이 물어요.

아침에는 발이 네 개, 오후에는 발이 두 개, 밤에는 발이 세 개인 것은 무엇일까?

20세기에는 인쇄된 책과 잡지, 신문이 늘어나면서 말놀이가 더욱더 인기를 끌었어요. 1913년에 **아서 윈**(Arthur Wynne, 1871~1945)이 처음으로 만든 십자말 퍼즐은 뉴욕 신문 일요판에 실린 이후 전 세계를 휩쓸었지요. 1933년에는 건축가 **앨프리드 버츠**(Alfred Butts, 1899~1993)가 만든 스크래블이 전 세계적으로 인기를 끌었답니다. 스크래블은 철자가 적힌 플라스틱 조각으로 글자를 만드는 보드게임이에요. 집에 스크래블 게임이 있나요? 그렇다면 자기만의 사토르 마방진을 만들어 보세요.

여러분의 관찰력이 아주 뛰어나다면, 다음 단어들을 주의 깊게 보면서 순서를 바로잡을 수 있을 거예요! 다음 단어의 순서는 어떻게 될까요?

역사, 위한, 말의, 어린이를

위의 나온 문제의 정답은 93쪽에 있어요.
여러분도 직접 만들어 보세요!

새로운 언어 만들기

지금까지 말로 암호를 만들고, 뜻을 숨기거나 푸는 것에 대해 알아보았어요. 말놀이를 하며 완전히 새로운 언어를 만들어 낼 수도 있어요. 자기만 쓰는 언어를 발명하는 사람들이 가끔 있는데, 남에게 보이기 위해 발명하는 것은 아니에요. 12세기 음악가이자 작곡가 **빙겐의 힐데가르트**(Hildegard von Bingen, 1098?~1179)는 자기만 이해할 수 있는 언어를 만들었어요.

책상 앞에 앉아 글을 쓰는 빙겐의 힐데가르트

쌍둥이에 대한 연구 결과, 쌍둥이들은 때때로 자기들끼리만 이해하는 특별한 언어를 만들어 낸다는 것이 밝혀졌어요. 쌍둥이들이 만든 언어를 '크립토파시아(cryptophasia, 쌍둥이 언어)'라고 해요. '크립토(crypto)'는 비밀, '파시아(phasia)'는 말을 뜻하지요.

단지 이야기만을 위해 만들어진 언어도 있어요. **존 로널드 루엘 톨킨**(J. R. R. Tolkien, 1892~1973)이 1954년에 쓴 판타지 소설 《반지의 제왕》에 나오는 엘프어나, 공상 과학 영화 '스타트렉' 시리즈에서 외계인들이 사용하는 클링온어처럼요. 클링온어는 미국 언어학자 **마크 오크랜드**(Marc Okrand, 1948~)가 만들었어요. 언어를 창조하는 것은 규칙이나 시, 수학을 좋아하는 사람들에게 도전하고 싶은 과제였나 봐요. 영국 시인이자 수학자 **대니얼 태멋**(Daniel Tammet, 1979~)은 '맨티'라는 언어를 창조했어요.

말과 언어로 할 수 있는 재미난 시도가 또 하나 있어요. 바로 리포그램이에요. 리포그램은 일부러 특정한 글자를 생략하고 글을 쓰는 방식을 말해요. 프랑스 작가 **조르주 페렉**(Georges Perec, 1936~1982)은 1969년에 《실종》이라는 책을 썼는데 'E'를 전혀 사용하지 않았어요. 프랑스어에서 'E'는 가장 많이 사용되는 철자였는데도 말이에요. 이 책을 번역하는 것은 영국 번역가 **길버트 어데어**(Gilbert Adair, 1944~2011)에게도 큰 도전이었어요. 그 역시 영문판으로 번역할 때 'E'를 사용하지 않았답니다. 영문판 제목은 《공백》이에요.

시 쓰기

미국 시인 **에밀리 디킨슨**(Emily Dickinson, 1830~1886)은 이렇게 쓴 적이 있어요. '세상에서 말보다 힘이 있는 것은 없다. 때때로 나는 글을 쓰고, 그 글이 살아 숨 쉴 때까지 가만히 바라본다.' 그녀는 자신만의 힘 있는 언어로 1,800편에 가까운 시를 썼어요. 대부분은 자연에 관한 시였지요. 그녀는 고향인 매사추세츠주 애머스트를 떠난 적이 거의 없었어요. 하지만 그녀가 쓴 시는 그녀의 삶이 얼마나 풍요롭고 의미 있었는지 잘 보여 줘요. 150여 년이 흐른 지금도 에밀리 디킨슨의 시를 읽으면, 그녀의 언어와 생각이 우리 마음속에서 살아 숨 쉬는 것 같아요.

단어란 것이 정말 놀랍지 않나요? 시는 단어 하나하나가 얼마나 중요한지 보여 주는 하나의 예시예요. 시에서는 모든 단어가 탑을 만들어 균형을 잡고 있는 곡예사처럼 중요한 역할을 해요. 한 단어만 바꿔도 시 전체가 바뀔지도 모르거든요.

시에 쓰인 단어들을 보면 우리 뇌가 깨어나면서 여러 가지가 떠올라요. '겨울'이라는 단어를 골라서 떠올려 볼까요? 어렵게 생각하지 말고, '겨울' 하면 바로 머릿속에 떠오르는 것들을 말하면 돼요. 나뭇잎이 다 떨어진 나무, 서리가 내린 아침, 뽀득거리는 눈이 떠올랐나요? 시 속의 단어를 읽을 때 여러분의 뇌는 이런 생각들을 떠올린답니다. '겨울'에 대한 모든 생각이 소용돌이치는 가운데, 그 시는 여러분에게 나름의 의미를 가져다주지요.

이라크에서 발견된 아카드 시대의 도장. 기원전 2254~기원전 2193년경

우리는 조상들이 오래전부터 시를 쓰기 시작했다는 것을 알고 있어요. 24쪽에서 4,000년 전 우르 사원의 돌벽에 남아 있는 아카드 공주 **엔헤두안나**의 시에 대해 읽었지요? 오래전에는 통치자나 학자, 성직자만 글을 읽을 수 있었어요. 그러나 시나 기도문, 노래는 모든 사람이 외워서 부를 수 있었지요. 시를 외워 본 적이 있나요? 그렇다면 시나 노래에 리듬과 운율이 있어서 외우기 쉽다는 것을 느꼈을 거예요. 호메로스가 쓴 〈일리아드〉나 〈오디세이〉 같은 고대 대서사시는 운율을 맞추지 않았지만 엄격한 규칙을 따랐어요. 그 규칙은 바로 시에서 단어들을 말할 때 생기는 리듬이랍니다.

말의 형식

시를 읽을 때는 두 가지를 잘 생각해야 해요. 바로 내용(무엇에 관한 것인지)과 형식(단어의 소리, 리듬과 운율 형태)이에요. 시를 쓸 때면, 시의 형식을 갖추기 위해 일련의 규칙을 따르는 것이 도움이 돼요. 5행 풍자시는 운율이 있는 형식의 재미있는 시예요. 영국 예술가이자 시인 **에드워드 리어**(Edward Lear, 1812~1888)의 시 한 편을 만나 볼까요?

수염 ˅ 기른 ˅ 늙은 ˅ 남자 ˅ 있었네.
"내가 ˅ 걱정 ˅ 했던 ˅ 따악 ˅ 그대로!"
부엉이 ˅ 두 마리 ˅ 암탉 ˅ 한 마리
종달새 ˅ 네 마리 ˅ 굴뚝새 ˅ 한 마리
수염 ˅ 안에 ˅ 가득 ˅ 둥지 ˅ 지었네.

에드워드 리어, 〈수염 기른 늙은 남자 있었네〉, 1846년

다섯 행으로 쓰인 이 시는 5-5-4-4-5어절로 이루어져 있어요. 이 단어들을 소리로 바꿔 보고 손뼉도 쳐 보세요. 운율이 훨씬 더 명확하게 들릴 거예요.

또 다른 예시를 살펴볼까요? 일본 특유의 짧은 시 하이쿠는 3행으로 나뉘지만 각 구절은 서로 연결돼요. 하이쿠는 17음절(5글자-7글자-5글자)로 구성되지요. 한 음절은 한 개의 소리를 의미해요. 하이쿠 시인 **마쓰오 바쇼**(松尾芭蕉, 1644~1694)가 쓴 작품 중에는 자연과 교외 여행에서 영감을 받은 것들이 종종 있어요. 그가 1686년에 쓴 이 하이쿠처럼요.

오랜 연못에(5글자)
개구리가 처엄벙(7글자)
물결이 이네.(5글자)

물론 시는 어떤 규칙도 따를 필요가 없어요! 그렇지만 시인들은 단어의 소리를 항상 신경 써요. 시를 소리 내어 읽을 때 첫소리, 즉 **두운**에 주의를 기울여 보세요. 두운은 단어를 시작할 때 같은 글자나 소리로 시작하는 것을 말해요. '펑!', '야옹!', '윙윙!' 처럼 대상이 내는 소리를 멋지게 묘사하는 **의성어**도 발견해 보세요.

운율을 살린 말

정말로 말을 즐기고 싶다면 문장을 큰 소리로 읽어 보세요. 예전에 여러 음악가는 시를 노래로 만들어 불렀어요. 오늘날에는 래퍼들과 시인들이 비트나 반주에 맞춰 운율(라임)을 전달하지요.

랩은 1970년대 후반에 미국 뉴욕에서 인기를 끌었어요. 행사를 진행하는 MC들은 음악에 라임을 얹어 랩을 만들었지요. 프리스타일 랩이란 즉석에서 라임 혹은 음악을 만들어 내는 것이에요. 랩을 할 때 다음에 무슨 말을 할지는 자기 자신도 몰라요. 뮤지컬 〈해밀턴〉의 작곡가이자 작사가, 배우인 **린 마누엘 미란다**(Lin-Manuel Miranda, 1980~)는 즉흥 래퍼로 시작해서 자기가 초기에 떠올린 아이디어들을 음악 이야기로 만들었어요. 그는 2009년에 열린 백악관 행사 때, 버락 오바마 대통령과 영부인 미셸 오바마 앞에서 18세기 미국 정치가 알렉산더 해밀턴에 대한 랩을 공연한 적이 있었어요. 완전히 라임으로 구성된 뮤지컬 〈해밀턴〉은 이렇게 탄생했답니다.

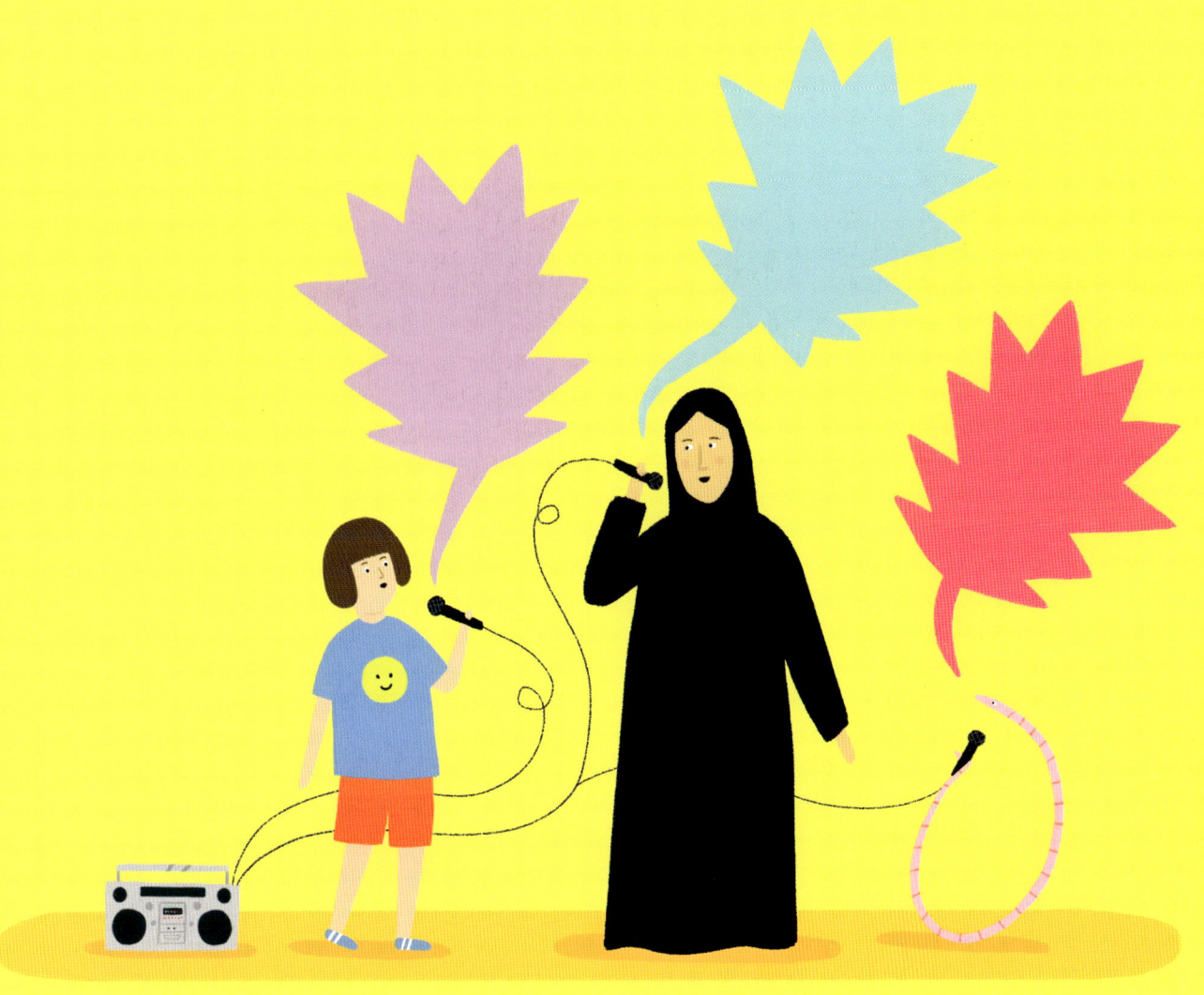

랩 배틀이나 시 경연 대회는 래퍼들이나 시인들에게 인기가 높아요. 서로 경쟁할 기회를 주기 때문이지요. 아부다비 TV에서 진행했던 쇼 〈시인의 왕자〉는 챔피언 라이머가 되기 위해 경쟁하는 시 경연 대회였어요. 라이머는 '운율이 가장 뛰어나게 시를 읽는 사람'이라는 뜻이에요. 이 프로그램의 이름은 '시인의 왕자'로 알려진 이집트 시인 **아메드 샤우키**(Ahmed Shawqi, 1868~1932)를 따라 지어졌어요.

친구에게 한 가지 주제를 골라 달라고 해 보세요. 그 주제로 즉석에서 시나 랩을 지을 수 있을까요? 먼저, 무엇을 말할지 준비하며 잠시 생각을 모아야 해요. 말을 할 때는 박자를 맞추는 게 좋아요. 박자를 맞추면 단어를 계속 짜임새 있게 말할 수 있지요. 랩 배틀에 참가하는 프리스타일 래퍼들은 미리 몇 가지 라임이나 단어 유형을 생각해 둔답니다. 여러분도 가장 좋아하는 라임을 몇 가지 만들어 보세요. 언젠가는 쓸 일이 있을 거예요!

마지막 언어
언어의 미래는 어떠할까요?

저는 영국 과학자 스티븐 호킹입니다.
제가 한 블랙홀 연구는 우주에 대한
인간의 생각을 크게 바꿔 놓았어요.
저는 1985년에 병으로 목소리를 잃었지만
디지털 음성 기계 덕분에
말을 할 수 있었답니다.

멸종 위기에 놓인 언어

언어는 사람들이 매일 사용해야 살아남을 수 있어요. 어떤 언어는 사막이나 열대 우림에 사는 희귀한 동물들처럼 멸종 위기에 놓여 있답니다. 언어는 마지막으로 사용하던 사람이 죽으면 영영 사라져요. 현재 전 세계 7,000여 개의 언어 중 3분의 1에 해당하는 언어는 사용하는 사람이 1,000명도 안 된다고 해요.

왜 그럴까요? 오늘날 세계는 그 어느 때보다 더욱 가깝게 연결되어 있어요. 공동으로 사용하는 언어는 우리가 살아가고, 일하고, 배우는 데 매우 유용해요. 그래서 인기 있는 언어는 점점 더 많은 사람들에게 사용되지요.

1887년에 폴란드 의사 **루도비코 라자로 자멘호프**(L. L. Zamenhof, 1859~1917)는 '에스페란토'라는 완전히 새로운 언어를 만들고자 했어요. 그는 사람들이 에스페란토어를 빠르게 배울 수 있도록 간단한 문법을 만들었지요. 모든 사람이 자신의 모국어와 함께 에스페란토어를 배워서 사용한다면, 세계의 모든 사람이 하나가 될 수 있을 거라고 생각했어요. 현재 많은 사람들이 에스페란토어를 사용하긴 해요. 하지만 그가 기대한 만큼 인기를 끌지는 못했어요.

마리 윌콕스(Marie Wilcox, 1933~2021)는 미국 캘리포니아주의 웍처미 부족 중 한 명이었어요. 웍처미어를 유창하게 했던 마지막 사람이었지요. 그녀는 웍처미어가 멸종되지 않도록 20년 동안 웍처미어를 가르치고, 웍처미어 사전을 만들었어요. 컴퓨터 기술과 녹음 기능을 사용했지요.

원주민 언어는 다른 나라의 지배를 받기 전 그 땅에 살던 사람들이 사용한 언어예요. 원주민 언어를 배우는 것은 그 땅에 사는 원주민들과 그들의 역사를 인정하는 하나의 방법이지요. 1996년에 유네스코에서는 '소멸 위기에 놓인 언어 지도'를 만들었어요. 이 지도를 보면, 각 나라에서 점점 사라지고 있는 언어와 대략적인 사용자 수를 찾아볼 수 있어요. 자선 단체들은 고대 언어가 완전히 사라지지 않도록 정부가 언어를 되살리고 기록하는 것을 돕고 있지요. 예를 들어 태평양의 이스터섬에서는 원주민들의 언어를 계속 이어 가려고 학교에서 라파누이어를 가르쳐요. '라파누이'는 원주민들이 이스터섬을 부르는 말인데, '커다란 섬'이라는 뜻이지요.

열심히 노력하면 언어를 되살릴 수 있어요. 고대 히브리어는 수천 년 동안 유대인들이 여는 종교 행사와 신성한 책에서만 사용되었어요. 19세기와 20세기에 되살아나기 전까지 일상생활에서는 쓰이지 않았지요. 언어학자들은 새로운 히브리어 단어들을 추가했고, 지금은 전 세계에서 900만 명에 가까운 사람들이 히브리어를 사용해요. 이렇듯 언어에는 언제나 희망이 숨어 있답니다!

인터넷 세상

포르투갈어, 폴란드어, 페르시아어, 한국어 등 어떤 언어를 사용하든 매년 새로운 단어들이 생겨나요. 오래된 단어들은 사라지고요. 끊임없이 변화하는 세상에 발맞춰 언어도 새로운 유행과 발명, 아이디어, 표현을 묘사하려면 변화해야 해요. 여러분은 오늘 작년에는 없었던 새로운 단어나 문구를 사용하고 있을지도 몰라요. 그리고 내년에는 또 어떤 새로운 단어들을 사용하게 될지 아무도 모르지요!

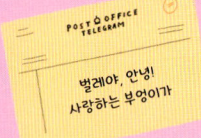

우리가 서로에게 글을 쓰는 방식도 변화하고 있어요. 인터넷은 1983년에 도서관이나 대학이 정보를 공유하는 것을 돕기 위해 발명되었어요. 인터넷은 순식간에 전 세계 사람들을 연결했고, 오늘날 전 세계 인구의 절반이 온라인에서 활동해요. 기술은 새로운 단어를 만들어 내기도 하고 사용하는 방법을 바꾸기도 해요. 1920~1930년대에 인기를 끌었던 전보는 단어마다 요금이 부과되어 짧게 쳐야 했어요. 이러한 전보부터 LOL(Laugh-Out-Loud, 너무너무 웃겨)이나 OMG(Oh, My God!, 오, 세상에!)처럼 줄여 쓰는 문자 메시지까지, 사람들은 다양한 종류의 메시지에 단어들을 담는 데 익숙하답니다!

86

오플레루 그레벳이 만든 이모지들

우리는 가끔 단어를 전혀 사용하지 않고 메시지를 보내기도 해요. 1997년에 이모지를 처음 사용한 사람은 일본의 디자이너 **구리타 시게타카**(栗田穣崇, 1972~)였어요. 이모지는 일본어로 '그림 문자'를 뜻해요. 의사소통하는 상대방이 나의 말을 해석하는 것을 도와주지요. 우리는 일상생활에서 주로 이모지를 사용해요. 코트디부아르의 디자이너 **오플레루 그레벳**(O'Plérou Grebet, 1997~)은 대부분의 이모지가 서아프리카의 문화를 반영하지 못한다고 생각했어요. 그래서 자신만의 이모지를 만들기로 결심했지요. 그는 아프리카 문화를 담은 이모지를 365가지 이상 만들어 냈답니다.

전 세계에서 매일 60억 개가 넘는 이모지를 전송한다고 해요. 이모지는 단어보다 기호에 더 가까워요. 고대 조상들도 이모지를 보면 무슨 뜻인지 알 수 있을걸요!

컴퓨터 언어

1950년대에 컴퓨터를 발명하고, 1983년부터 인터넷을 사용하게 된 이후로 기술은 엄청나게 발전해 왔어요. 컴퓨터는 점점 더 빠른 속도로 복잡한 작업을 해내고 있지요. 컴퓨터는 사람과 똑같은 방식으로 문제를 해결하거나 움직이는 기계에 힘을 공급하는데, 이것이 바로 AI 또는 인공 지능이에요. 1997년 IBM사의 딥 블루 컴퓨터는 체스 세계 챔피언 **가리 카스파로프**(Garry Kasparov, 1963~)를 이겼어요. 10년 전만 해도 불가능해 보였던 일이었지요.

컴퓨터는 사람들을 특별한 방법으로 도울 수 있도록 설계되기도 해요. 영국 과학자 **스티븐 호킹**(Stephen Hawking, 1942~2018)은 근육이 굳는 병에 걸렸는데, 볼의 근육을 약간 움직이면 작동하는 컴퓨터 프로그램 덕분에 말하고 쓸 수 있었어요. 그는 우주에 대해 연구하여 사람들의 이해를 넓혔어요. 많은 사람들 앞에서 강연하며 의사소통하는 것으로도 유명했지요. 그가 쓴 과학책은 수백만 권이나 팔렸답니다.

oIooIIII oIIIoIII oIIoIIoo ooIooooo
oIIooooI oIIoIIIo oIIooIoo ooIooooo
oIIIoIII oIIoIIII oIIIooIo oIIoIIoI ooIooooo
oIIIoIII oIIooIoI oIIIooIo oIIooIoI ooIooooo
oIIoIooo oIIooIoI oIIIooIo oIIooIoI

오늘날 컴퓨터는 그 어느 때보다도 강력해요. '코드'라는 컴퓨터 언어로 서로 대화도 한다니까요! 컴퓨터는 알고리즘에 따라 정보나 '데이터'를 가려내고 분류하기도 해요. 알고리즘은 컴퓨터가 따라야 할 명령의 집합이랍니다. 구글은 수십억 개의 데이터베이스를 가진 검색 엔진이에요. 이런 검색 엔진은 우리가 찾는 사실과 수치를 알아내기 위해 매일 어마어마한 양의 단어를 검색해요. 구글 번역기나 다른 번역 프로그램을 사용해서 언어를 즉시 번역할 수도 있어요. 우리는 음성 명령에 반응하는 스마트폰이나 가전 기기, 목소리를 인식하는 자동 음성 안내, 질문에 응답하는 로봇 등 가상의 비서들에게 꽤 익숙해요.

이 책의 다음 장을 아직 쓰지는 않았지만, 컴퓨터는 분명히 중요한 역할을 할 거예요. 우리는 컴퓨터가 놀라운 일을 할 수 있다는 것을 잘 아니까요. 패턴을 인식하고 암호를 푸는 컴퓨터 기술 덕분에 의사들은 질병이 퍼지는 방식을 이해하게 되었어요. 학자들은 고대 언어를 해독할 수 있었지요. 우리는 우리가 발명한 놀라운 기술들을 인간만이 가진 능력, 즉 언어로 말하고, 협동하는 능력과 함께 계속 멋지게 활용해야 해요. 세상을 더 나은 곳으로 만들기 위해서 말이에요!

부엉이 노래 틀어 줘!

말의 역사 연대기

기원전은 '기원 원년 이전'을 말해요. **서기**(기원후)는 '기원 원년 이후'를 말해요. 역사학자들은 예수가 태어난 해를 원년(0년)으로 기준(기원)을 잡고 연도를 세어 나갔어요. 예수가 태어나기 전에 있었던 일은 원년인 0년에서부터 거꾸로 세어 나가고(기원전), 예수가 태어난 다음에 있었던 일은 연도를 순서대로 더해서 셌지요. 서기(기원후) 연도를 표시할 때는 보통 '서기'라는 표현을 빼고 연도만 써요.

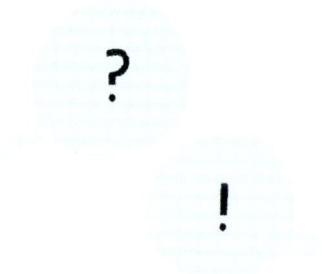

최소 200만 년 전 이전
초기 인류는 공통되는 소리나 신호로 의사소통을 했어요. 언어는 그렇게 시작되었지요.

20만 년 이전
호모 사피엔스는 좀 더 복잡하게 의사소통을 했어요. 기원전 약 5만 년까지 이야기를 나누고, 발명하는 데 이 의사소통 방식을 사용했지요.

기원전 3400년경 이후
수메르인은 점토에 쐐기 모양 기호를 새긴 쐐기 문자를 사용했어요. 쐐기 문자는 거래나 이야기, 시 짓기에도 사용되었어요.

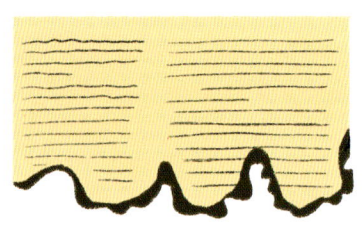

기원전 300년경
사해 문서는 파피루스, 양피지 또는 얇은 구리판에 히브리어로 적혀 있어요. 가장 오래된 성경 내용을 담고 있답니다.

기원전 285~기원전 246년경
이집트에 알렉산드리아 대도서관이 설립되었어요. 이 도서관에서는 문학, 수학, 철학, 과학책과 두루마리를 보관했어요.

기원전 300년경
중앙아메리카에서 마야의 글자 체계가 발전했어요. 800개의 상징으로 이루어진 이 글자 체계는 석판, 조각, 도자기에 새겨졌어요.

1604년
로버트 코드리가 첫 번째 영어 사전을 출판했어요. 1755년에 새뮤얼 존슨은 4만 개의 단어를 수록한 사전을 출판했지요.

1700~1800년
많은 사람들이 책 읽기를 배워서 신문 값이 싸졌어요. 사람들이 즐거움을 위해 책을 읽기 시작하면서 소설이 인기를 끌었어요.

1799년
이집트에서 로제타석이 발견되었어요. 로제타석에는 세 가지의 고대 언어가 새겨져 있었지요. 전문가들은 상형 문자를 해석할 때 로제타석을 이용해요.

A B Γ Δ E Z
H Θ I K Λ M
N Ξ O Π P Σ
T Y Φ X Ψ Ω

기원전 3200년경 이후
이집트인은 절이나 무덤의 벽에 상형 문자를 새겼어요. 죽은 사람이 가는 사후 세계로 향하는 여정을 설명한 문구가 적혀 있었지요.

기원전 1600년경~기원전 1050년경
중국 송나라에서는 동물 뼈에 예언을 적었어요. 이것은 오늘날 남아 있는 중국어 기록 중 가장 오래된 거예요.

기원전 1000년경 이후
페니키아인은 조합하여 단어를 만들 수 있는 알파벳 글자 스물두 개를 발명했어요. 이 알파벳은 오늘날에도 사용되는 그리스 알파벳으로 발전했어요.

기원전 100년경
중국에서 종이를 발명했고, 서기 800년에는 종이에 목판 활자를 찍었어요.

서기 800년경
서예는 아랍어 손 글씨를 예술로 끌어올렸어요. 이슬람 경전 코란은 금으로 장식되었답니다.

1440년대
독일의 요하네스 구텐베르크가 인쇄기를 발명했어요. 이때부터 수천 권의 책을 동시에 인쇄할 수 있었어요.

1867년 이후
타자기의 발명으로 사람들은 더 빠르게 글을 쓰고, 더 편하게 글을 읽을 수 있었어요.

1940년대
제2차 세계 대전 때 컴퓨터 기술자들은 전쟁에 사용하는 암호를 풀기 위한 기계를 발명하려고 노력했어요.

1983년
인터넷이 발명되었고, 1989년에는 월드 와이드 웹(www: world wide web)이 전 세계 사람들을 온라인으로 연결했어요. 이때부터 사람들은 자기 일과 생각을 무료로 나눌 수 있었어요.

낱말 풀이

5행 풍자시 운율이 있는 재미난 5행 시

대본 연극이나 영화의 글

두루마리 글을 적고 말아서 보관한 기다란 종이. 고대에는 두루마리에 정보를 기록하여 보관했어요.

두운법 단어를 시작할 때 같은 글자나 소리로 시작하는 것

리포그램 특정한 글자를 생략하고 글을 쓰는 방식

만트라 기도하는 사람들이 반복하는 말. 힌두교나 불교에서는 명상을 돕기 위해 만트라를 외워요.

문법 언어에서 단어를 사용하는 방법을 설명하는 규칙

번역 어떤 언어를 다른 언어로 바꿔서 쓰거나 말하는 것

상형 문자 단어를 나타내는 그림이나 기호. 고대 이집트 같은 나라에서 사용한 문자 체계예요.

새기다 단어를 물체에 조각하거나 파내는 것

스타일러스 고대에 점토판 또는 밀랍을 씌운 나무판에 쓰기 위해 나무나 금속, 뼈로 만든 도구. 한쪽 끝은 쓰기 위해 뾰족하고, 다른 쪽 끝은 지우기 위해 뭉툭했어요. 오늘날 전자 태블릿에 사용하는 펜의 이름으로도 쓰여요.

쐐기 문자 고대 메소포타미아에서 3,000년 이상 사용된 쐐기 모양의 글자

알고리즘 일이나 문제를 해결하기 위해 컴퓨터가 따르는 규칙

양피지 동물의 가죽을 얇게 늘리고 말려서 종이처럼 사용한 것

언어학자 수많은 언어를 연구하는 사람

의성어 '쿵', '쾅', '쉿'과 같이 소리를 비슷하게 흉내 낸 말

주문 말로 하거나 노래로 불렀을 때 마술적인 효과가 있다고 여겨지는 글귀

출판 책이나 잡지, 신문을 만들고 파는 것. 출판사에서는 책을 인쇄하여 만들고, 서점에 보내서 판매해요.

태블릿 갈대 펜으로 글씨를 쓸 수 있는 점토판이나 밀랍을 한 겹 씌운 나무판

파피루스 파피루스 풀 줄기로 만든 종이. 고대 이집트, 로마, 그리스에서 사용했어요.

필경사 인쇄술이 발명되기 전에 손으로 편지나 문서를 옮겨 적던 사람

필사본 인쇄술이 발명되기 전에 사람이 손으로 적은 오래된 책이나 문서

하이쿠 일본 특유의 3행 시. 음절이 5-7-5개로 정해져 있어요.

학자 어떤 주제에 대해 연구하여 아는 것이 많은 사람

옮긴이의 말

여러분은 '말' 하면 무엇이 떠오르나요? 혹시 말발굽을 달각거리며 달리는 말이 떠오르지는 않았나요? 달리는 말을 떠올릴 수도 있지만 '말'은 '단어'를 뜻해요. 그리고 사람의 생각이나 느낌을 표현하고 전달하는 '소리'를 나타내기도 하고, '이야기'를 뜻하기도 해요.

혹시 여러분은 언제부터 '말'을 하게 되었는지 기억나나요? 여러분이 최초로 말한 '단어'는 무엇이었을까요? (부모님께 여쭤보세요.) 아기가 갓 태어나 울음을 터뜨리고 옹알이를 하다가, 자라면서 점차 의미가 있는 단어를 말하고, 문장을 구사하고, 이야기를 하게 되는 과정은 참으로 신비로워요. 세상에 태어나면서부터 우리는 '말'과 떼려야 뗄 수 없는 삶을 살아가지요.

인류의 역사 또한 '말'과 함께 흐르고 발전합니다. 이 책에는 인류가 최초로 사용한 단어부터 현대의 컴퓨터 언어까지 '말'에 관한 모든 것이 담겨 있어요. 말이 가진 힘은 물론이고 말로 표현하는 아름다움과 예술까지! 이 책을 읽다 보면 역사, 문화, 과학, 예술, 문학 전반에 관한 지식을 한껏 배워 똑똑해지는 기분이 들 거예요! 저도 그랬거든요!

김설아

문제 풀이

암호를 풀어요!(69쪽)
한 글자를 다른 글자로 대체하여 간단한 암호를 만들 수 있어요. 예를 들어 알파벳을 A부터 Z까지 적어요. 각 글자 아래에 여러분이 바꾸고자 하는 글자를 적어요. A=C, B=D, C=E, D=F…… 이런 식으로요. 이 암호를 이용하여 'BAD(나쁘다)'라는 단어를 쓰고 싶다면, 'DCF'라고 적을 수 있겠지요. 이렇게 여러분이 만든 암호는 그 비밀을 아는 친구만 풀 수 있을 거예요.

말놀이(70~71쪽)
문제 : 집이 있어요. 한 사람이 눈이 먼 채로 들어갔는데 나올 때는 보여요. 이것은 무엇일까요?
정답 : 학교(지식을 모르는 것을 눈이 먼 것에 비유하고, 지식을 배워 알게 된 것을 눈이 보이게 된 것에 비유한 거예요)

문제 : 아침에는 발이 네 개, 오후에는 발이 두 개, 밤에는 발이 세 개인 것은 무엇일까?
정답 : 사람(아침에는 발이 네 개=아기가 손과 발로 기어 다니는 것, 오후에는 발이 두 개=어린이와 어른이 두 발로 걸어 다니는 것, 밤에는 발이 세 개=노인이 되어 지팡이의 도움을 받아 걸어 다니는 것을 의미해요)

문제 : 다음 단어의 순서는 어떻게 될까요? 역사, 위한, 말의, 어린이를
정답 : 어린이를 위한 말의 역사

그림 목록

작가, 작품명, 나라, 시기, 재료, 크기, 사진을 찍은 작가, 저작권자, 소장 위치 순서로 표시했어요.
크기 단위는 센티미터예요.

17쪽 크리스틴 선 킴, 〈글자를 쓰는 사람의 시선에서 본 알파벳〉, 2019년, 종이에 목탄과 오일 파스텔, 125×125, MIT 리스트 비주얼 아트 센터 피터 해리스 스튜디오(Peter Harris Studio for MIT List Visual Arts Center) 사진 ⓒ Christine Sun Kim

23쪽 염소와 양의 수를 쐐기 문자로 기록한 점토판, 기원전 2350년경, 수메르인, 텔로흐(고대 기르수), 지아니 다글리 오르티(Gianni Dagli Orti) 사진, 루브르 박물관(파리), 셔터스톡

25쪽 이집트 왕 투탕카멘의 무덤에서 나온 상자, 이집트, 기원전 14세기, 헤리티지 이미지(Heritage Images) 사진, 이집트 박물관(카이로), 게티 이미지

26쪽 왕희지, 〈열일곱 번째 날〉, 4세기 문헌의 13세기 탁본, 중국, 30장의 잎으로 된 앨범, 종이에 잉크, 24.4×12.7, 메트로폴리탄 미술관(뉴욕), 완고 H. C. 웽(Mr. and Mrs. Wan-go H. C. Weng), 1991년

35쪽 뉴욕 공공 도서관의 단면도, 1911년, 29×23, 뉴욕 공공 도서관, 발라흐 디비전 픽처 컬렉션

36쪽 용과 싸우는 성 조지를 그린 기도서, 15세기, 양피지에 채색, 데니스 슈발리에(Denis Chevalier) 사진, akg이미지, 개인 소장

43쪽 안네의 일기 원본, 1942년 10월, 안네 프랑크 재단(Anne Frank Fonds) 사진, 게티 이미지

51쪽 칼 폰 린네가 만든 식물 분류 체계, 1826년, T. 테그가 영국 런던에서 출판한 식물 삽화집, 역사적인 삽화들(Historic Illustrations) 사진, 알라미스톡

61쪽 마술사를 그린 석판 컬러 인쇄물, 1870~1880년경, 다색 석판, 하빈 타파보르(Kharbine-Tapabor) 사진, 셔터스톡

62쪽 영국 런던의 피커딜리 서커스를 그린 엽서, 영국 런던, 1955년경, 스테파노 비앙케티(Stefano Bianchetti) 사진, 브리지먼 이미지

65쪽 에드 루샤, 〈OOF〉, 1962년, 캔버스에 유화, 181.5×170.2, 폴 루샤(Paul Ruscha)·쿠르트시 가고시안(Courtesy Gagosian) 사진, 뉴욕 현대 미술관 ⓒ Ed Ruscha

72쪽 책상 앞에 앉아 글을 쓰는 빙겐의 힐데가르트, 찰스 워커 컬렉션(Charles Walker Collection) 사진, 알라미스톡

77쪽 아슈타르 여신과 함께 등장하는 니니쉬쿤 여신에게 바치는 원통 인장, 아카드 시대, 기원전 2254~기원전 2193년경, 오리엔탈 인스티튜트 박물관, 미국 시카고 대학교

78쪽 에드워드 리어, 〈수염 기른 늙은 남자 있었네〉, 1846년, 《난센스 책》의 삽화, 프레드릭 원 출판사(런던), 1875년경, 메리 에반스(Mary Evans) 사진, 디오미디어

87쪽 오플레루 그레벳이 만든 이모지들, 2018년경 ⓒ O'Plérou Grebet

찾아보기

5행 풍자시 78, 92

[ㄱ]
가리 카스파로프 88
간판 62~63
구리타 시게타카 87
그라피티 64
그레타 툰베리 55, 59
그리스어 20, 26~27, 34, 91
그림 64~65
그림 형제 19, 21
글씨체 23, 24, 26~27, 39, 47, 68, 90, 91
〈길가메시 서사시〉 30, 34, 41
길버트 어데어 73

[ㄴ/ㄷ]
노아 웹스터 50
닐 암스트롱 58
단어 글자(표어문자) 25
대니얼 태멋 73
도서관 34~35, 90
동화 19, 21
두루마리 19, 34, 36, 37, 92
두운 79, 92

[ㄹ]
랩 75, 80, 81
레오나르도 다 빈치 43
레이디 핑크 64
로제타석 66, 68, 90
루도비코 라자로 자멘호프 84
리포그램 73, 92
린 마누엘 미란다 6, 75, 80

[ㅁ]
마리 윌콕스 83, 85
마술 52, 57, 61
마쓰오 바쇼 74, 79
마크 오크랜드 73
만들어진 언어 72~73
만트라 56, 92

말놀이 70~71
말하기 11~12, 14~15, 32, 46~47, 80~81
맹세 61
멸종 위기 언어 84~85
모스 부호 68~69
문법 48, 92

[ㅂ]
번역 52~53, 73, 89, 90, 92
법 60~61
불교 36, 56, 60
비둘기 42
빙겐의 힐데가르트 72

[ㅅ]
사전 50, 90
사해 문서 36, 90
산스크리트어 45, 48
상형 문자 24, 66, 68, 91, 92
새뮤얼 존슨 50, 90
서예 19, 26, 27, 91, 92
성경 37, 39, 56, 90
소리글자(표음 문자) 25
소셜 미디어 59
수메르인 18, 23, 24, 90
수수께끼 70
수화 언어 17
숨겨진 말 66~67
스타일러스 29, 92
스티븐 호킹 82, 88
슬로건 59, 63, 92
시 74~75, 76~77, 78~79, 80
쐐기 문자 18, 23, 24, 90, 92
쓰기 11, 18~19, 22~23, 25, 26~27, 47, 90

[ㅇ]
아랍어 27, 50, 91
아메드 샤우키 81
아브라카다브라 57

아서 윈 71
아소카 왕 54, 60
아슈르바니팔 30, 34
안네 프랑크 31, 43
알고리즘 89, 92
알파벳 20, 26, 34, 91
암호 56, 67, 68~69, 89, 91
앨런 튜링 67, 69
앨프리드 버츠 71
언어 12~15, 44~49, 52~53
언어학자 47, 68, 73, 85, 92
에드 루샤 65
에드워드 리어 78
에밀리 디킨슨 75, 76
에스페란토 84
엔헤두안나 6, 18, 24, 77
연대기 90~91
영감을 주는 단어 58~59
예술 64~65
오플레루 그레벳 83, 87
왕희지 19, 26
요하네스 구텐베르크 31, 39, 91
원주민 언어 85
윌리엄 셰익스피어 44, 50
음절 79, 92
의사소통 10~11, 12~13, 14, 16~17
의성어 79, 92
이름 49, 51
이모지 83, 87
이야기 20~21, 40~41
이집트인 24, 33, 66, 91
인공 지능 88
인쇄 31, 38~39, 62, 91
인터넷 86, 88, 90, 91
일기 31, 43
읽기 30~33, 37, 38, 40~41

[ㅈ]
장 미셸 바스키아 64
장 프랑수아 샹폴리옹 66, 68

점자 16
조르주 브라크 64
조르주 페렉 73
조반니 스키아파렐리 53
존 로널드 루엘 톨킨 67, 73
종교 27, 36~37, 38, 40~41
종이 28, 91
중국어 21, 25, 26, 47, 48, 50, 91
지역 27, 36~37, 56~57
진 밸런타인 67, 69

[ㅊ/ㅋ/ㅌ]
책 36, 37, 52, 90
출판 35, 92
칼 폰 린네 51
컴퓨터 언어 88~89
크리스틴 선 킴 9, 17
클레오파트라 45, 48
클링온어 73
태블릿 29, 92

[ㅍ]
파니니 45, 48
파블로 피카소 64
파피루스 24, 29, 34, 36, 37, 92
펜 29
핀란드어 53, 67
필경사 23, 24, 26~27, 39, 47, 68, 90, 91
필사본 28, 37, 92

[ㅎ]
하이쿠 74, 79, 92
한나 회흐 64
해리 포터 52
헬렌 켈러 9, 16
호메로스 20, 77
히브리어 52, 56, 85, 90
히포크라테스 61

메리 리처즈 글

예술 분야 책을 펴내는 출판인이자 작가이며 일러스트레이터입니다. 데이비드 호크니가 지은 《어린이를 위한 그림의 역사》를 편집했고, 데이비드 슈바이처와 함께 《어린이를 위한 음악의 역사》를 썼습니다. 가장 좋아하는 작가는 조르주 페렉이고, 여가 시간에는 예술에 관한 책 읽기를 즐깁니다.

로즈 블레이크 그림

예술가이자 일러스트레이터입니다. 《어린이를 위한 그림의 역사》와 《어린이를 위한 음악의 역사》를 포함해 어린이를 위한 수많은 책에 그림을 그렸습니다. 가장 좋아하는 작가는 알리 스미스이고, 친구들에게 책을 추천해 주는 것을 좋아합니다.

김설아 옮김

새로운 것을 시도하고, 몰랐던 것을 하나하나 알아 가는 것을 좋아하는 초등학교 교사이자 작가, 번역가입니다. '좋아서하는그림책연구회' 운영진으로도 활동합니다. 쓴 책으로는 《좋아서 읽습니다, 그림책》이 있습니다.

어린이를 위한 말의 역사

초판 1쇄 펴냄 2023년 4월 17일
지은이 메리 리처즈 **그린이** 로즈 블레이크 **옮긴이** 김설아 **펴낸이** 박남숙
펴낸곳 (주)소소 첫번째펭귄 **출판등록** 2022년 7월 13일 제2022-000195호
주소 03961 서울특별시 마포구 방울내로9길 24 301호(망원동)
전화 02-324-7488 **팩스** 02-324-7489 **이메일** sosopub@sosokorea.com
ISBN 979-11-979592-1-9 73700

A History of Words for Children by Mary Richards and illustrated by Rose Blake
Copyright © 2022 Thames & Hudson, London
Text © 2022 Mary Richards Illustrations © 2022 Rose Blake
All rights reserved.
This Korean edition was first published by SOSO Ltd., Seoul in 2023 by arrangement
with Thames & Hudson, London through Hobak Agency.
Korean edition © 2023 SOSO Ltd.

이 책은 호박 에이전시(Hobak Agency)를 통한 저작권자와의 독점계약으로 (주)소소에서 출간되었습니다.
저작권법에 의해 한국 내에서 보호를 받는 저작물이므로 무단전재와 복제를 금합니다.

제품명 어린이용 각양장 도서 **제조자명** Shanghai Offset Printing Products Ltd.
수입자명 (주)소소 첫번째펭귄 **제조국명** 중국 **사용연령** 3세 이상
주의사항 종이에 베이거나 긁히지 않도록 조심하세요. 책 모서리가 날카로우니 던지거나 떨어뜨리지 마세요.
KC마크는 이 제품이 공통안전기준에 적합하였음을 의미합니다.